INCLUSÃO COMEÇA EM CASA

Dados Internacionais de Catalogação na Publicação (CIP)
(Câmara Brasileira do Livro, SP, Brasil)

Proença, Iva Folino
    Inclusão começa em casa: um diário de mãe / Iva Folino Proença.
[Título anterior: Posso ajudar você?] São Paulo : Ágora, 2005.

ISBN 85-7183-892-5

1. Crianças excepcionais – Cuidados e tratamento 2. Crianças excepcionais – Educação 3. Crianças excepcionais – Relações familiares 4. Pais e filhos 5. Preconceitos 6. Síndrome de Down I. Título.

05-0923                                                            CDD-649.1528

Índice para catálogo sistemático:
1. Síndrome de Down em crianças: Vida familiar    649.1528

Compre em lugar de fotocopiar.
Cada real que você dá por um livro recompensa seus autores
e os convida a produzir mais sobre o tema;
incentiva seus editores a encomendar, traduzir e publicar
outras obras sobre o assunto;
e paga aos livreiros por estocar e levar até você livros
para a sua informação e o seu entretenimento.
Cada real que você dá pela fotocópia não autorizada de um livro
financia o crime
e ajuda a matar a produção intelectual de seu país.

# INCLUSÃO COMEÇA EM CASA

## UM DIÁRIO DE MÃE

Iva Folino Proença

EDITORA
ÁGORA

*INCLUSÃO COMEÇA EM CASA*
*Um diário de mãe*
Copyright © 2005 by Iva Folino Proença
Direitos desta edição reservados por Summus Editorial

Capa: **Paulo Gil**
Foto da capa: **José Rebelo**
Diagramação e fotolitos: **All Print**
Impressão: **Sumago Gráfica Editorial Ltda.**

**Editora Ágora**
Departamento editorial:
Rua Itapicuru, 613 – 7º andar
05006-000 – São Paulo – SP
Tel.: (11) 3872-3322
Fax: (11) 3872-7476
http://www.editoraagora.com.br
e-mail: agora@editoraagora.com.br

Atendimento ao consumidor:
Summus Editorial
Tel.: (11) 3865-9890

Vendas por atacado:
Tel.: (11) 3873-8638
Fax: (11) 3873-7085
e-mail: vendas@summus.com.br

Impresso no Brasil

*A Helio, Antonio Helio, Marta, Nelson e Mariana, a quem eu amo muito.*

*Aos pais e irmãos de todos os excepcionais.*

*E ao sair da cidade acharam um homem de
Cirene, por nome Simão: a este constrangeram
a que levasse a cruz dele padecente.*

(Vers. 32 - S. Mateus)

# Agradecimento

A AUGUSTA DE ALMEIDA LEITE CIABATTARI, minha avó materna, quero prestar uma homenagem. Ela teve, já idosa, um filho temporão que nasceu surdo. Ele era um pouco mais velho que nós, os primeiros netos.

De tal forma ele era tratado com naturalidade – e quem dava a tônica desse tratamento era minha avó, evidentemente – que a linguagem da mímica foi incorporada por nós, tanto quanto a linguagem verbal.

Nunca vi minha avó triste, nem queixosa.

A única escola para surdos de que se tinha notícia estava situada no Rio de Janeiro. Pois minha avó saía de Presidente Prudente, de trem, enfrentando uma viagem de quase 50 horas, para proporcionar a meu tio o benefício do único recurso de que ela dispunha. Isso há mais de quarenta anos.

Essa minha avó foi meu primeiro modelo de coragem, perseverança, fé e, sobretudo, espírito de luta.

Muitas vezes eu me surpreendo repetindo atitudes suas. Chego a ter a sensação de que o espírito de minha avó vive, e vive muito próximo de mim.

# Sumário

*Prefácio à nova edição* ............... 11

Saudade ............... 15

O começo de tudo ............... 19

Voltando no tempo... ............... 24

E a vida continua ............... 121

*Posfácio à nova edição* ............... 129

*PS para os irmãos* ............... 135

# Prefácio à nova edição

Este livro, publicado pela primeira vez em 1981, fala de como é difícil para a família, principalmente para a mãe, aprender a lidar e se relacionar com uma criança com necessidades especiais.

De maneira geral os profissionais atendem apenas a criança, que é o cliente, e não percebem que por trás dessa criança há uma família inteira necessitando de orientação e apoio. Todos sofrem com essa situação nova e que provoca muita dor.

Além dessas dificuldades internas, a família, principalmente os irmãos, é vítima do preconceito social. Hoje, graças à grande campanha que tem sido feita em favor da inclusão dos diferentes, já se percebe uma mudança no comportamento das pessoas.

Esse movimento, embora não muito novo, se desenvolve a passos lentos. De qualquer forma, já é bem diferente do que existia há cinqüenta anos, quando nasceu nosso filho portador de Síndrome de Down. Naquele tempo, as crianças com necessidades especiais eram escondidas até mesmo da família, por vergonha – fruto da falta de informação.

Um grupo de pais, inconformados com essa situação, passou a se reunir com a finalidade de descobrir um tratamento digno para os nossos filhos menos dotados.

Dessas reuniões nasceu a idéia de constituirmos uma associação que trabalhasse pelos direitos de nossos filhos. Queríamos que os profissionais desenvolvessem seus conhecimentos para diminuir as dificuldades que enfrentávamos; que leis fossem feitas para protegê-los; que a sociedade nos ajudasse no que fosse possível. Foi assim que nasceu a Associação de Pais e Amigos dos Excepcionais (Apae).

Foi dessa forma que uma "picada" aberta a facão no meio da densa floresta transformou-se em larga estrada. A campanha pela inclusão é fruto dessa luta, mas há ainda muito a ser feito.

As famílias envelhecem com eles e o problema se multiplica. Muitos já perderam os pais e ficam na dependência de ser recebidos por um irmão. Mas se esse irmão tem um cônjuge, tem sua própria família, como conciliar tudo isso?

Vamos trabalhando e pensando juntos. Não estamos sozinhos. O que dizer sobre este livro? Que é muito verdadeiro; que é o retrato da mãe de um rapaz com necessidades especiais; de como ela e a família lutaram para não sucumbir ao sofrimento.

Na época da primeira edição, recebi inúmeras cartas de pessoas que se confessaram muito ajudadas pela leitura do livro. Embora isso tenha sido há mais de vinte anos, até hoje há pessoas à procura do livro porque conhecem um casal que acabou de ter um filho com problemas e acreditam que essa leitura poderia ajudá-los muito.

Outro dia encontrei uma moça que foi amiga de uma das minhas filhas, quando elas eram meninas. Tantos anos depois, as perguntas eram muitas e as notícias se alternavam, umas boas, outras nem tanto. Ela me disse que tem um menino de 5 anos com problemas de comportamento e por muito tempo sem diagnóstico. Que há uns meses ouviu de um médico: "Seu filho é autista". A sensação foi a da mais absoluta solidão. Eu não tenho uma fórmula, mas foi assim comigo há cinqüenta anos e essa não é a melhor maneira de dar um diagnóstico como esse.

Não são todos os médicos, eu suponho, que têm essa atitude, mas se ainda há aqueles que se comportam assim é porque lhes falta informação. Eles precisam ser alertados para uma questão de humanidade, e este livro pode cumprir tal função. Tenho um bom exemplo disso numa carta que recebi do dr. Geraldo Modesto Medeiros, que há vários anos operou a hérnia de umbigo do José Manoel. Nessa carta ele me conta que um dia, no elevador do edifício onde mora, encontrou uma senhora que, reconhecendo-o, disse-lhe que havia lido um livro muito bonito que falava dele com muito carinho, e usara aquela história como exemplo para um dos seus filhos, que estava fazendo faculdade de Medicina.

Há uns meses recebi uma carta muito carinhosa de um médico de Sorocaba, dr. João de Aguiar Filho. Ele se identificou como um dos meus colegas de ginásio, em Presidente

Prudente, e disse que, quando recebe em seu consultório um casal com uma criança portadora da Síndrome de Down, diz: "Procurem o livro da Iva Folino Proença, ele pode ajudar vocês".

O livro foi escrito há 25 anos, mas penso que continua válido porque, apesar de todas as mudanças – e foram muitas, para melhor! –, os sentimentos de mães e pais de crianças deficientes mentais são muito similares.

# SAUDADE

Fomos para o Rio para um fim de semana, o Helio e eu. E, coisa que não fazia havia muito tempo, fui à praia. Estava morta de saudade de pisar na areia, sentir o cheiro do mar. Estendi a toalha e deitei-me lagarteando sob o sol. Que bom sentir o sol sobre meu corpo!

Devagarinho se instalou uma saudade doce de quando os meus filhos eram pequenos e eu só ia à praia porque tinha de levá-los. Naquela época eu sonhava com o dia em que pudesse ir à praia para aproveitar eu mesma, sem ter de cuidar para que nenhum deles se perdesse, sem ter de me preocupar se um ou outro talvez se distraísse e fosse muito longe, muito fundo, correndo o risco de afogar-se; sem ter de me preocupar com uma insolação ou uma queimadura de sol. Quatro filhos com uma diferença de idade de pouco mais de um ano entre um e outro é um bando. Ou não? Para mim era.

Se eu não estivesse com vontade de conversar, era só cuidar para que os meninos não saíssem de perto de mim. Mas, se eu estivesse querendo companhia, era só soltá-los um pouco: fatalmente eles encostariam em outra barraca onde houvesse crianças. Era só sorrir para a outra mãe na hora de ir buscá-los e estava garantido um papinho inconseqüente de praia.

Lembrando-me de tudo isso foi que percebi que, afinal, não estava sendo tão bom ir à praia sem as crianças, pois, se elas me davam bastante trabalho, em compensação enfeitavam muito minha vida.

Olhei para um lado e para outro, demorando meu olhar sobre os grupos com crianças, pensando em tudo isso. Mais sentindo do que pensando... e vi uma cena que me enterneceu ainda mais – uma mulher jovem, sentada na areia de costas para mim, e, ao seu lado, um garotinho, também de costas. Quando ela lhe falou e ele se voltou, pude ver seu perfil de mongolóide. Suponho que tivesse uns 4 ou 5 anos, talvez 6. Difícil dizer. Senti uma saudade... uma vontade de chegar perto, de falar com ela, de me aproximar do menino. E – por que não? – conversar com a mãe, contar-lhe minha experiência... Talvez até dizer: "Não sofra tanto! Hoje, 25 anos depois, eu não só já não sofro como chego às vezes a ser feliz por ter comigo esse menino grande que ainda me dá bastante trabalho e preocupação, mas também muita alegria e compensação". Mas não tive coragem. Em que ponto da experiência estaria ela? Talvez estivesse muito ferida e, nesse caso, não estaria aberta a esse tipo de conversa. Sei lá. Suponhamos que eu tivesse vencido meus temores e minhas inibições e tivesse ido. O que lhe teria dito? Será que ela gostaria de conhecer a minha história? Será que eu entregaria a ela, sem reservas, o relato dos fatos e das minhas sensações?

Foi pensando nessa mãe e em todas as mães de excepcionais que eu gostaria de ajudar que decidi escrever sobre minha experiência com o meu filho deficiente mental. Não com o propósito de orientá-las quanto à criança – quem sou eu? – mas para, numa confissão sincera, ajudá-las a aceitar melhor sua frustração e seu grande sentimento de culpa. Cada mãe de excepcional é uma ilha de sofrimento porque acha que só ela deseja que esse filho jamais tivesse nascido com problemas. Mas, se ela souber que há pelo menos outra que se sentiu assim, vai ter seu sentimento de culpa atenuado.

Nunca ouvi isso de outra mãe. Será que jamais cruzei com uma que tivesse sentido esse desejo e essa culpa? De minha parte, o que acontece é que não é sempre que tenho coragem de dizer. A figura da mãe deve ser preservada. E a mãe, como pessoa, não existe? Existe, e com todos os direitos de qualquer outra pessoa, inclusive o de ser feliz. E como mãe tem o direito de realizar-se naquele pedaço de si mesma. E se a gente se ama é porque gosta da própria imagem, então a gente quer ver essa imagem refletida em cada filho. De repente, um filho que frustra todas as nossas aspirações. Não é fácil aceitar. Não é fácil nem simples. É muito difícil e complicado. Posso dizer que hoje aceito e amo profundamente esse meu filho. Digo mais, minha vida sob vários aspectos é melhor porque ele existe. Mas não cheguei até aqui por um passe de mágica, nem foi da noite para o dia.

E disso, desse processo todo que sofri, de todas as pessoas que – cada uma a seu modo – me ajudaram a levantar quando a cruz pesou muito e caí, gostaria de falar com aquela jovem mãe que vi sentada na areia da praia. Será que ela gostaria de saber? Vou supor que sim. Vou contar a ela.

# O COMEÇO DE TUDO

Quando o José Manoel nasceu fiquei triste – eu já tinha um menino e queria muito uma menininha. Mas logo me esqueci disso, e nenê era nenê. Além do mais, como sempre gostei muito de crianças, como sempre quis ter vários filhos, esse fato só me animou a ter logo o terceiro – quem sabe seria a menina com quem eu sonhava tanto? Mal sabia que aquilo que tomara como tristeza por ter tido um segundo menino não era nada diante do que eu sentiria uns meses depois.

Ainda na maternidade percebi nele algumas coisas que eu não tinha visto no mais velho. Ele ficava roxinho quando mamava e tinha os olhinhos instáveis. Preocupada, chamei o pediatra do berçário, mas ele me tranqüilizou dizendo que esses detalhes não tinham nenhuma importância. Hoje, percebo que ele não teve a coragem suficiente para me dizer a verdade. Até um leigo, se interessado no assunto, reconhece um bebê com Síndrome de Down, quanto mais um médico. Fomos para casa e nem me passou pela cabeça levá-lo ao pediatra todos os meses, como havia feito com o mais velho – eu já era uma "veterana de 22 anos" e, portanto, muito capaz.

O José Manoel era uma criança bem quieta, não chorava nunca e dormia quase o tempo todo. Como eu levava uma vida muito dura, sempre sem empregada, tendo de cuidar das crianças e ainda fazer todo o trabalho da casa, dava graças a Deus pelo fato de o bebê ser um "santo".

O mais velho, com 1 ano e meio, era vivíssimo e dava trabalho por dez. Ou seria eu que, por despreparo, metia os pés pelas mãos e não conseguia dar conta do recado?

Só sei que entre um garotinho de 1 ano e meio, um bebê recém-nascido e toda a luta com a casa eu me debatia, e tudo que conseguia era resolver os problemas mais urgentes. O resto, só Deus sabe como se processava. Empregada não parava. Quem conseguia trabalhar numa casa onde havia duas criancinhas e uma criançona que morria de saudades da própria mãe e não sabia nem fazer nem ordenar? E, o que é pior, nem se apercebia de nada disso? O que eu sabia é que ser mãe, esposa e dona-de-casa ao mesmo tempo era muito difícil, mas muito mesmo. Era quase impossível.

À noite, depois de tudo acomodado, de vez em quando eu escrevia num caderno, meu paciente confessor, uma coisa ou outra que me tivesse tocado mais. E muito do que vou contar fui buscar naquelas anotações com a intenção de guardar as lembranças gostosas dos meus filhos pequenos. Já se vê que não foi assim. Nem todas as lembranças eu queria que estivessem lá. Não foi simples nem fácil, e muitas vezes, no meio do caminho, tive vontade de desistir. Mas muita gente me ajudou – uns com atitudes positivas, outros com atitudes que, noutras circunstâncias ou com outra pessoa, talvez tivessem funcionado negativamente.

Até hoje acontece de irmos a um restaurante e de repente ele dizer-me, demonstrando mal-estar: "Mamãe, aquele menino está olhando a minha cara". E eu, apaziguadora: "Troque de lugar comigo". Nessa hora o amor pelo meu filho cresce e eu sinto que daria um pedaço de mim para poupar-lhe esse constrangimento. Melodrama? Não. A mais pura verdade. É assim que uma atitude menos gentil de um garoto desinformado reforça tudo que há de positivo em mim em relação ao José Manoel.

Nessa hora eu gostaria, preocupando-me menos com a impressão que pudesse causar, de sentar-me àquela outra mesa e bater um papo com aquele casal e aqueles meninos. Mas eu me constranjo e tenho medo de parecer agressiva. Não fossem eles pensar que eu estava ofendida. Até conseguir desfazer a confusão, se é que conseguiria, já se teria perdido o elo, já teria esquecido do que eu ia falar...

Então, hoje, calmamente, vou escrever a explicação que costumo dar quando, nessas situações, tenho oportunidade de esclarecer, principalmente se falo com crianças.

## A beleza na diversidade

Começo chamando a atenção para o fato de que as pessoas são todas diferentes umas das outras; umas são altas, outras baixas, umas loiras, outras morenas, outras negras, outras de pele avermelhada. Algumas pessoas são gordas, outras magrinhas, outras nem gordas nem magras. A cor dos olhos também varia muito. Isso externamente, naquilo que se pode ver. Assim, também por dentro as pessoas são diferentes entre si. Há as que crescem por fora e por dentro e há as que crescem só no tamanho e continuam crianças a vida toda.

"O José Manoel é assim, cresceu só por fora. Você olha para ele e pensa que ele é um rapaz, mas sua cabeça é a de um menino de 10 anos. Sabe, você não deve ter medo. Ele é muito bonzinho e gosta muito de todos. É difícil entender o que ele diz, mas só no começo, depois a gente se acostuma e entende tudo. Você quer ver como ele é bonzinho?" E então eu abraço e beijo o José Manoel, que não se faz de rogado.

Se eu digo tudo isso na frente dele? Se não há outro jeito, digo. Se dá certo sempre? Não, às vezes não dá. Outro dia não consegui convencer uma amiguinha da Marília, minha sobrinha de 7 anos, e tivemos de levá-la embora de tanto que ela tremia e chorava de medo do José Manoel.

E ele? Coitadinho, esforçava-se por agradá-la, mas quanto mais ele se esforçava mais ela chorava.

Como foi que eu me senti? Muito machucada pelo fato em si e muito frustrada por não ter conseguido tranqüilizar a garotinha. Aos poucos essas situações vão se tornando cada vez menos freqüentes, mas ainda acontecem.

## VOLTANDO NO TEMPO...

Para contar-lhe tudo desde que o José Manoel nasceu vou ter de, antes de qualquer coisa, nos situar no tempo e no espaço. Espaço físico e espaço afetivo. Sabe, são tão importantes o lugar onde estávamos e quem estava por perto que eu tenho vontade até de fazer um mapinha localizando nosso apartamento e as pessoas que moravam por ali. Algumas tiveram uma participação grande naquela época – outras continuam participando até hoje.

Morávamos num apartamento térreo, no bloco de trás de um prediozinho de três andares, que ainda existe na alameda Lorena, no primeiro quarteirão, próximo à avenida Brigadeiro Luís Antônio, na cidade de São Paulo.

No apartamento imediatamente acima do meu morava um casal de poloneses de meia-idade. Eram muito simpáticos, mas; talvez pelo fato de não terem filhos, não se aproximavam muito. Às vezes eu estava no quintalzinho do meu apartamento e, quando a senhora debruçava-se na mureta da sua área de serviço, e conversávamos sobre o tempo ou qualquer outra coisa. No dia em que o José Manoel ia nascer eu estava recolhendo as fraldas do Antonio Helio do varal – ele tinha 1 ano e meio – e ela brincou comigo pelo fato de eu já estar recolhendo as fraldas tão cedo, talvez umas nove e meia. Disse-lhe que queria deixar tudo em ordem, pois o nenê, que se fosse outro menino teria o nome do meu sogro – Manoel –, ia nascer naquele dia. Ela comentou a coincidência de seu marido ter o nome do santo daquele dia. Era o dia de São José, 19 de março de 1955. Essa polonesa, dona Halina, terá papel importante em outra passagem.

## "Seu" Hércules

Outro personagem de quem me lembro com muito carinho é o "seu" Hércules, o dono da farmácia da Brigadeiro, logo virando a esquina. Ele era aquele amigão que transmitia tranqüilidade sempre que a gente precisasse de alguém à mão com urgência. Ele fazia uma triagem imediata, o que facilitava bastante a vida da gente. Sabe, muitas vezes tenho vontade de ir vê-lo, mas, como ele é tão bom para todo mundo, acho que até ficaria constrangido se lhe dissesse quão importante ele foi para mim. Na verdade, certa vez cheguei a ir até lá, há alguns anos, mas fiquei tão emocionada que mal consegui dizer: "Seu Hércules! Como vai? O senhor se lembra de mim?". Quando ele respondeu: "Lembro-me sim, como vai?". Percebi que deveria simplesmente responder "Tudo bem, e o senhor?" e encerrar a conversa antes mesmo de começá-la, para não fazer um papelão. Senti que se insistisse em falar acabaria chorando, tão comovida eu estava. Comprei um vidro de sal de frutas e fui embora. Sintomático, não é? Sal de frutas... Eu ainda não havia digerido completamente minha situação.

Descendo pela alameda Joaquim Eugênio de Lima até a rua Estados Unidos, do outro lado, um pouco à esquerda, está a rua José Clemente. Lá moravam meus sogros. Enquanto eu tinha apenas o Antonio Helio, ir até lá era passeio obrigatório de todas as manhãs.

Primeiro com ele no carrinho, depois levando-o pela mão, parando em todos os portões onde houvesse um cachorro. Ele piscava com força, com medo dos latidos, mas ficava fascinado.

Depois que o José Manoel nasceu já não dava tempo. O segundo filho não soma, multiplica. Essa proximidade com meus sogros foi de grande valia. Eu viera de muito longe e não tinha ninguém aqui. Eles eram a minha família. Meu primeiro filho foi o primeiro neto, não só de meus pais mas deles também. Como morávamos longe dos meus pais e bem perto deles, estávamos muito juntos e era minha sogra quem me acudia quando as coisas ficavam difíceis. Ela era muito discreta e cerimoniosa, não transbordava demonstrações de amor, mas estava sempre pronta quando eu pedia socorro. E quantas vezes pedi!

## Nelsir, Carlos e a saudade

Saindo da alameda Lorena, exatamente em frente desse prédio onde eu morava, há uma ruazinha de cujo nome não me lembro. Dela, à esquerda, sai outra rua curtinha, a rua das Monções, onde moravam a Nelsir e o Carlos. Eles já eram amigos do Helio desde o tempo de cursinho, mas eu só os conheci em outubro de 1951, quando ainda era namorada do Helio e eles já estavam tendo o primeiro filho, o Tony. Quando o José Manoel nasceu, o segundo filho deles, o Júnior, tinha 9 meses: o primeiro, infelizmente, tinha tido aos 3 meses uma febre altíssima não diagnosticada, ficando completamente retardado. Talvez isso explique a atuação da Nelsir na minha vida. Numa época em que eu vivia tão de mal com a vida, quando não havia com quem eu não brigasse, com ela nunca houve desentendimento. Acho que ela sabia, por sentir o mesmo na própria pele, como chegar até mim. Algum tempo depois eles se mudaram para o Brooklin e nós, por coincidência, nos mudamos para a Vila Olímpia. Já não dava para ir a pé à casa deles, mas muitas vezes tomei o ônibus e fui até lá buscar conforto. Alguns anos depois eles se mudaram para Belo Horizonte e ainda assim, de tão longe, continuaram me dando a mão. Mais tarde você vai saber como.

## Um pressentimento

Ah! Havia também dona Raquel, outra vizinha, mas do primeiro andar do bloco da frente. Era muito alegre e eu gostava de estar com ela. Suas filhas eram jovens, tinham 16 e 18 anos, portanto muito mais próximas de mim, que tinha 22. Mas era dela que eu gostava e era com ela que gostava de conversar. Um dia – eu ainda estava grávida do José Manoel – comentei com ela um medo que de vez em quando me assaltava mas que eu não tinha coragem de confidenciar a ninguém. Ela reagiu dizendo que eu tirasse aquela bobagem da cabeça e então me calei. Fico impressionada quando me lembro da maneira como expliquei meu medo. Eu era tão absurdamente feliz que achava impossível essa felicidade durar para sempre. Sabia que também eu, como todo mundo, teria uma cruz para carregar. Minha aflição era não saber nem quando nem de onde ela viria. Premonição?

## As memórias da mãe

Voltando ao comecinho da nossa vida com o José Manoel, há um registro no meu caderno que eu gostaria de transcrever exatamente como está lá: "José Manoel nasceu pequenininho – com 2,6 kg –, mas no fim da primeira semana, recuperado o peso, passou a engordar. Seu umbigo caiu no décimo dia e no dia 30 de março tomou o primeiro banho, dado pela vovó Maria. Gostou do banho, mas assustou-se um pouco. Não só ele se assustou... eu também estava com medo, pois ele é tão molinho que a gente tem a impressão de que vai quebrar, tanto assim que não tive coragem de lhe dar banho. Ele é bem clarinho, de cabelos claros e nem tem sobrancelhas. O Antonio Helio era bem moreno, tinha uma penugem nos ombros, nas costas e até nas orelhas. Por falar em orelhas, eu acho as do José Manoel muito molinhas, mas ninguém acha... deixa pra lá".

Em seguida há uma passagem que dá bem uma idéia da ginástica que eu tinha de fazer: "O José Manoel levou o primeiro tombo, que foi proporcionado pelo Antonio Helio. Foi assim: dei banho no José Manoel, vesti-o e deixei-o por uns momentos em cima da camiseira para ir buscar a mamadeira que já estava pronta. O Antonio Helio, com um ar muito compenetrado, manobrava seu tico-tico pelo quarto. Quando eu já vinha de volta, ouvi um barulho e vi o Antonio Helio com uma cara muito assustada. Iniciei um pito assim: 'Que é isso, Antonio Helio?', pensando que ele tivesse dado um pontapé na porta – ele adora brincar com as portas, agora deu para empurrá-las e chutá-las com força, talvez pela impressão do barulho. Ou será que era para me ver chegar correndo para acudir? Ele, de olhos arregalados, diz: 'Nenê!' e aponta para o chão, atrás da porta, onde estava o José Manoel no meio do acolchoado.

O caso é que o Antonio Helio – que eu deixara passeando de tico-tico pelo quarto porque não podia perdê-lo de vista – dera-me a impressão de não estar tomando conhecimento do que se passava em volta. Mas foi só eu virar as costas e tentou trepar na camiseira, usando as saliências das gavetas, para ver o nenê. E, para apoiar-se, segurou na beirada do acolchoado que forra o móvel. Com isso, veio tudo abaixo, o nenê inclusive. Peguei os dois e subi ao apartamento de dona Halina para pedir-lhe que ficasse com o Antonio Helio, assim eu poderia chegar mais depressa à farmácia do 'seu' Hércules. Mas coitada de dona Halina: acordada pelo toque da campainha, não entendeu nem metade do que eu disse. Não houve outro jeito. Tive de me mandar rua afora com o José Manoel no colo e arrastando o Antonio Helio pela mão. Consegui chegar à farmácia e o 'seu' Hércules me tranqüilizou, dizendo que o José Manoel estava inteiro. Graças a Deus".

Será que o "seu" Hércules também não reconheceu o mongolismo do José Manoel? Duvido. Ele também não teve coragem de me dizer.

Nessa época, um dos meus cunhados, o Nelson, que fazia medicina, esteve nos visitando com um colega, o Luis Hildebrando, e muito tempo depois soubemos que quando eles saíram o Nelson comentou com o amigo: "Que diferente a carinha do meu sobrinho, né, Luis? Ele parece descendente de oriental". A que o Luis, perplexo, respondeu: "Mas você não reconheceu, Nelson? Ele é mongolóide!" Coitado do Nelson: engoliu a informação e também não teve coragem de dizer nada a ninguém.

## Será que tem algo errado com meu bebê?

Passavam-se os meses e o meu sogro não se conformava com o fato de o nenê ser tão quieto. Além disso, ele estranhava outros fatos, como o José Manoel não ter uma reação normal de susto com ruídos, por mais fortes que eles fossem – uma porta batendo, por exemplo. Nem piscava os olhos quando se acendia a luz do quarto. Eu achava aquilo tudo um exagero de preocupação. Mas, como com 4 meses o nenê não firmasse a cabecinha, achei que não custava verificar.

O pediatra era um velhote que tinha sido pediatra do meu marido e até aquele dia me parecera muito simpático. O consultório era no centro da cidade e lá fui eu, toda orgulhosa daquele embrulhinho que levava no colo. Tinha consulta marcada e não precisei esperar. Entrei e fui logo tagarelando com o médico, quase me desculpando por ocupar seu tempo com uma criança tão saudável e sem problemas. Examinando o José Manoel ele disse secamente:

– Esta criança é mongolóide.

– O que quer dizer isso?, perguntei confusa.

– Quer dizer que ele nunca será uma criança normal. Vai ter de tomar remédio para o resto da vida e necessitará sempre de cuidados especiais.

Senti o chão fugir sob os meus pés, e mesmo sem saber a extensão exata da tragédia, abri a boca, a chorar. Então o velhote, impiedoso, disse rudemente:

– Pare de chorar. Não é caso para perder a cabeça. Se você não se controlar, não cuido mais da criança.

Que monstro! Acho que ele estava esclerosado.

Vesti a criança e saí de lá como quem foge do inferno. Quando me vi na rua, mil coisas passaram pela minha cabeça, inclusive deixar aquele embrulhinho encostado num canto qualquer e ir embora; ou oferecê-lo a alguém daquelas centenas de pessoas que passavam apressadas. Eu queria livrar-me daquele fardo – era pesado demais para mim. Atordoada, sem saber a quem recorrer para dividir minha aflição, lembrei-me da figura do meu sogro, muito paternal e amiga. Por que será? O escritório do meu marido se achava a dois quarteirões dali, mas tomei um táxi e fui até a rua Santo Amaro, onde meu sogro trabalhava. Cheguei lá em prantos e demorei para conseguir explicar o que estava acontecendo. Ele tentou consolar-me como pôde, alguém surgiu com um copo de água com açúcar, e lembro-me de que minhas lágrimas umedeceram o xale de lã que envolvia a criança, a qual eu não deixava ninguém tirar do meu colo.

Pela única vez em quase quarenta anos meu sogro saiu mais cedo do trabalho. Alguém chamou um táxi e fomos para casa, onde minha sogra ficara cuidando do Antonio Helio. Não me lembro bem qual de nós dois contou a ela, nem quem contou a meu marido, que logo depois chegou do trabalho. Mas não me esqueço de uma cena estática como uma fotografia – nós quatro sentados na sala, calados e abatidos, cada um tentando, a seu modo, digerir aquela desgraça e nenhum tendo a menor condição de ajudar o outro. No dia seguinte, por sugestão não sei de quem, fomos a outro pediatra, que confirmou o diagnóstico e nos encaminhou a um neuropediatra. Ele abre a galeria dos meus Cireneus, dos estranhos que me ajudaram a carregar minha cruz. Seu nome é Antônio Branco Lefèvre.

## As buscas

A partir dessa época passamos a acender velas a deuses e a diabos. Tanto dávamos o ácido glutâmico receitado pelo médico e fazíamos a fisioterapia recomendada como atendíamos a todas as superstições dos que nos rodeavam – de amarrar no pescoço do nenê um pedaço de linha tirado de um retrós novo a amarrar em seu tornozelo um barbante da medida da perna de um cabritinho recém-nascido. Uma verdadeira loucura! Uma total ausência de norte! Minha mãe, a Vovó Madrinha, quantos terços e missas ela rezou! Quantas promessas ela fez! Onde quer que houvesse um milagreiro, lá ia minha mãe buscar esperança.

Sabe, nessas situações a gente perde completamente a autonomia. Se se tem um problema insolúvel, fica-se vulnerável e todas as pessoas que a gente encontra se sentem no direito de dar sugestões. Sugestões que não temos coragem de descartar – ou porque podem ser válidas, ou porque nos faltam argumentos para discutir. Nesse caso, o único argumento válido seria a solução do problema, mas como esta definitivamente não existia íamos engolindo tudo indistintamente. Na época eu não chegava a conscientizar-me de nada disso, mas hoje olho para trás e vejo-me como se eu fosse marionete, cujos cordões qualquer um tinha condições de balançar.

Mas, com muita sorte, pode até acontecer de cruzar nosso caminho alguém com certa experiência ou um pouco mais de bom senso. Falo dos leigos, é claro. Dos parentes e amigos. Nessa hora um amigo ajuda mais, pois os parentes ficam com tanta pena uns dos outros, o envolvimento é tão grande, que o bom senso não chega a aflorar. Foi nesse pedaço que a Nelsir apareceu como um dos meus Cireneus e não me abandonou até hoje. Infelizmente ela tinha experiência. Seu filho deficiente mental já tinha 3 anos e meio e ela tinha o bom senso do não-envolvimento emocional. Ela era muito amiga minha, mas meu filho não era parente dela. É claro que não percebi quanto estava sendo ajudada por ela, mas um comentário do Helio dá bem a medida de como ela era uma força para mim. Eu estava de mal com o mundo e já tinha brigado com todas as pessoas que estavam por perto, desde o parente mais próximo até o padeiro, o açougueiro, o homem da loja de ferragens ali na Brigadeiro... Segundo o Helio, eu só não brigava com a Nelsir. Anos depois junto os pedacinhos do quebra-cabeça – quebra-cabeça complicado do qual eu era o centro, mas no qual me colocava no cantinho de baixo, à esquerda, diminuída, dolorida, pedindo a Deus que alguém resolvesse meu problema e tirasse de dentro de mim aquele peso. Era uma dor enorme! Insuportável! Estava ruim demais! Então eu fugi. A realidade era tão desagradável que deixei de encará-la. Tanto assim que dos dois primeiros anos eu não me lembro de muita coisa em relação ao José Manoel. Refugiei-me num mundo de mentiras que justificavam o fato de o meu nenê ser molinho, não firmar a cabeça etc.

Quando ele estava com 9 meses um fato novo aconteceu na minha vida, a esperança de uma grande compensação! Eu engravidei. Fiquei tão feliz! Quem sabe seria a menininha com quem eu tanto tinha sonhado! Foi uma gravidez tão boa! Ela me dava, inclusive, uma boa justificativa para deixar de pensar naquele nenê que não me trazia nenhuma alegria; o outro estava a caminho e seria uma menina. Eu sonhava com ela e isso também auxiliava minha fuga.

Só hoje avalio a preocupação que tomou conta da família inteira, principalmente de minha mãe e minha sogra. Eles sabiam que eu corria o risco de ter outra criança com problemas mas, graças a Deus, isso nunca me passou pela cabeça. Hoje eu sei que foi um sério risco, mas foi tão bom não ter tido medo porque tive muita sorte. Realmente, meu terceiro filho foi uma menina que me trouxe felicidade desde o primeiro momento em que soube que ela vinha vindo. Isso foi muito bom para mim.

## Lar, doce lar

Somou-se à alegria dessa gravidez a felicidade de nos mudarmos para nossa casa. Fomos para lá em março de 1956. Dessa casa eu quero falar muito. Vivemos anos rodeados de vizinhos que eram nossos amigos, de quem eu sinto saudade até hoje, e nessa casa a Marta e o Nelson nasceram.

Era um sobradinho geminado, de um grupo de nove – quatro na frente e cinco atrás, formando uma vilazinha para onde se abria o portão do quintal das casas da frente.

Na frente da casa havia um jardinzinho onde uma quaresmeira, quando florida, enfeitava a vista das janelas do meu quarto e do da Marta. O quarto dos meninos dava para os fundos, um quarto tão grande que era chamado de "quartão". Pode-se imaginar o tamanho do quartão se a casa toda tinha 120 m². Acontece, porém, que os três meninos que dormiam lá eram muito pequenininhos. Quando nasceu o terceiro, o primeiro tinha 5 anos e o outro 3 anos e meio. A Marta, com 2 anos nessa época, já dormia sozinha. Ligado ao quartão um banheirinho onde o boxe do chuveiro fora preenchido com uma caixa de cimento revestida de azulejos, imitando uma banheira, mas colocada bem acima do chão para que eu não tivesse de me abaixar para dar banho nos meninos. Quem teve essa idéia genial foi um amigo nosso que também tinha um bando de filhos. Ao lado da banheira havia um banco de madeira em que os meninos ficavam de pé para serem enxugados. Na parede dos fundos ficava uma porta-balcão que abria para um terraço, o qual cobria toda a área de serviço e o quarto de empregada. Esse conjunto – quartão, banheirinho, terraço – foi palco de muita vida... muita briga, muito choro... muita alegria... muita emoção...

Os meninos brigavam muito entre si porque tinham todos as mesmas necessidades, as mesmas exigências. As idades eram bem próximas. E eu brigava com todos pelo mesmo motivo – demorei muito para crescer, cresci com eles bem devagarinho.

Muitas vezes eu levava os quatro para o quartão, trancava a porta que dava para o *hall* da escada e lá ficava horas olhando os meninos se movimentar naquele espaço limitado sem ter de sair correndo atrás de nenhum – naquele espaço que pertencia a eles e me permitia descansar um pouco. O resto da casa parava, mas era uma necessidade minha trancar-me com os meninos num espaço limitado e deixar o mundo cair.

Os brinquedos eram guardados numa cesta de Natal que era a arca do tesouro. Lá dentro havia de tudo – toquinhos, cubos de encaixe, latas cheias de grãos cuja tampa, por segurança, era fixada no lugar por uma tira de esparadrapo. Não era só o José Manoel que gostava do barulho que fazia ao sacudir aquelas latinhas... Eu já disse, tinham todos a mesma idade. Outro brinquedo que eles adoravam eram as tampas das panelas, que eles usavam como pratos de bateria. De maneira geral, coisas que produzissem barulho faziam sucesso. Ah! Havia também um pião com corda e música. Eles adoravam aquele pião! Nunca mais vi esse brinquedo... E não faltavam os bolinhos, as xícaras, as colherinhas, as panelinhas, os pratos... Brincávamos de "casinha" e, brincando, o José Manoel aprendeu muita coisa.

Sabe, à medida que vou falando disso tudo, uma emoção tão grande toma conta de mim que neste exato momento eu não diria que foi tão ruim. Posso mesmo dizer que estou com saudade – do quartão, das crianças, da cesta de brinquedos... Nem sei quantas milhares de vezes aqueles trecos foram espalhados e de novo juntados.

Quando o José Manoel já sentava, ele se distraía só tirando coisa por coisa de dentro da cesta e jogando em volta.

Só que, de vez em quando, devido à sua má-digestão, uma golfada azeda lambuzava tudo e lá iam cesta e os brinquedos para a banheira e depois para o sol, no terraço. Eu disse que o quartão foi palco de muito choro... Pois é, nessas horas eu chorava. O tempo era curto, eu não dava conta nem do que era rotineiro, quanto mais desses extras que surgiam.

Outro motivo de choro veio do fato de eu não conseguir ensinar os primeiros hábitos de higiene ao José Manoel. Ele usou fraldas até quase 4 anos, e quando eu subia para tirá-lo da cama e percebia que ele já tinha feito tudo na roupa, primeiro chorava todo o meu desespero para depois levá-lo com roupa e tudo para dentro da banheira. Muitas vezes continuava chorando enquanto dava banho nele. Cruzes! Isso me parece um pesadelo! Tudo era muito trabalhoso, cansativo, difícil! De vez em quando uma alegria curta, uma satisfação logo dominada por um aborrecimento; uns dias mais calmos seguidos por semanas inteiras de noites sem dormir, com sarampos, cataporas e uma laringite estridulante e intermitente que o José Manoel teve até quase os 15 anos. De repente um febrão e aquele corre-corre para evitar que a temperatura se elevasse a ponto de representar perigo de uma convulsão. Por meio de um esforço sobre-humano eu continuava viva e conseguia que as crianças não morressem. Mas era só. E mesmo isso de vez em quando corria perigo.

Lembro-me de um dia em que o José Manoel não acordou na hora de costume. Assoberbada de serviço, dei graças a Deus por ele estar dormindo um pouco mais e acabei me esquecendo dele. Umas duas horas depois, quando de novo me lembrei dele, corri assustada para o quarto e tentei acordá-lo, mas não consegui. Desesperada, telefonei para um médico meu amigo que, bondosamente, primeiro me acalmou e depois com muito jeito foi conduzindo uma retrospectiva de nossas últimas 24 horas, tentando localizar a possível causa daquele sono anormal. Não teria havido um descuido meu, deixando ao alcance dele um sonífero, um antialérgico? Não, não tinha acontecido isso. Seria possível que ele tivesse alcançado uma garrafa de bebida? Não, eu tinha certeza disso. Tínhamos recebido amigos? Será que os copos usados não teriam sido deixados onde ele pudesse alcançá-los? Não, não tínhamos recebido ninguém. De repente, lembrei-me! Na tarde anterior ele tinha brincado no quintal com algumas garrafas vazias, enfileirando-as como soldadinhos. Devia ter bebido todos os restinhos do fundo das garrafas! Puxa, que alívio! Era só um tremendo porre! E um tremendo susto! Um dos muitos que ele nos deu.

## A grande amiga Nelsir

Quando fomos morar nesse sobradinho o José Manoel já tinha 1 ano, mas ainda nem se sentava. De manhã, quando sobrava tempo, eu saía para a vilazinha com ele e o Antonio Helio, mas ele ia sempre recostado naquele carrinho de lona. Ele não engatinhava nem demonstrava a menor disposição para tentar ficar em pé. Ele era todo molinho. As outras mães me perguntavam o porquê daquilo e eu sempre justificava com mentiras. (Aliás, eu mentia até a mim mesma.) A resposta era sempre a mesma: "Ele não anda porque é muito gordo". Elas, caridosamente, fingiam acreditar e assim ficava mais fácil para todo mundo.

No dia 19 de março de 1957, o José Manoel estava fazendo 2 anos, mas eu não tinha nada para comemorar, estava na maior fossa. Tomei um ônibus, com ele no colo, e me mandei para a casa da Nelsir, que era ali perto, na rua Bartolomeu Feio.

Eu estava dolorosamente necessitada de um ombro amigo onde pudesse chorar. Mas ela já tinha percebido minha atitude de fuga, não só em relação às outras pessoas mas principalmente em relação a mim mesma. Eu não encarava o retardamento do José Manoel como um problema cuja solução devia ser batalhada; encarava-o como uma desgraça sem solução e dava uma de avestruz – enfiava a cabeça num buraco de desculpas e mentiras.

Nesse dia a Nelsir, que devia ter pensado em tudo isso muito maduramente, resolveu colocar meus pés no chão. Quando comecei a choramingar, ela cortou: "Sabe o que mais, Iva? Pare de dizer que o José Manoel não anda porque é gordo. Crie coragem e encare a realidade. Ele não anda porque é uma criança diferente das outras. Quando perguntarem por que ele não anda, diga a verdade. Diga que ele nasceu com um problema e vai demorar mais do que os outros para andar, para falar, para se desenvolver, enfim. Pare de mentir! Isso não faz bem para você, nem para ele, nem para ninguém!"

De novo aquela sensação de chão fugindo sob meus pés. Só que agora eu não podia me esconder atrás de um conceito cômodo – impiedade de um velho esclerosado –, já que ela não podia estar esclerosada, nem estar sendo impiedosa, pois das poucas certezas que eu tinha uma delas era a de que a Nelsir era minha amiga.

Saí dali tão murcha e desconsolada como havia chegado, mas alguma coisa tinha mudado dentro de mim.

Na primeira vez em que tentei repetir o discurso que ela me ditara, não consegui chegar ao meio. Engasguei e saí chorando. Meu interlocutor? Sei lá, nem olhei para trás. Eu só olhava para dentro de mim mesma. Contudo, pouco a pouco fui repetindo as tentativas e chegou o dia em que consegui recitar a lição até o fim.

E digo mais: consegui dar à minha voz um tom de "não se chateie, você não me aborreceu".

Por aí você vê a importância da Nelsir na minha vida. Quando ela se mudou para Belo Horizonte, uns anos depois, tive a impressão de que uma parte de mim tinha morrido. Valíamo-nos do telefone e nem sei quantas vezes liguei para ela, morta de saudade do seu carinho, do seu apoio, da sua compreensão, da sua força. Ela não é mais velha que eu, mas sempre foi muito mais amadurecida e segura. Hoje, após trinta anos de uma amizade sem medida, sinto que nossa relação é diferente da que existia naqueles longínquos 1950... 1960. Mas, devo admitir, se hoje tenho as condições que tenho, em grande parte ela é a responsável. Quantas vezes caí e ela me estendeu sua mão, carinhosa mas firme, cheia de amor mas sem piedade piegas. Muitas vezes bastava para mim simplesmente saber que ela estava lá.

## Tia Ema

A cruz era pesada, mas, como já disse, houve muitas pessoas que me ajudaram, cada qual a seu modo, a carregá-la, tornando possível minha caminhada.

Já falei de várias delas. Vou falar agora da Tia Ema. Ela é apenas dez anos mais velha do que eu, mas, como se casou muito cedo, sua filha mais velha é apenas seis anos mais nova do que eu. Então nossa relação era indefinível. Ela era minha tia, mas era quase da minha idade.

Embora sua filha mais velha regulasse de idade comigo, ela não tinha a menor disposição de me adotar e de ser maternal para comigo. Então ela não era nada disso e era tudo isso. Era minha tia, minha mãe, minha irmã, minha amiga, minha fã – o que, aliás, era recíproco –, minha companheirona para qualquer tipo de programa que eu inventasse, desde passar as férias na praia com um bando de crianças – as minhas e mais algumas que se juntavam a nós – até ficar papeando a noite inteira, quando ela contava passagens de sua vida que eu não cansava de ouvir. Ela era alegre, espirituosa; meus filhos, tanto quanto eu, adoravam-na. Era sempre uma festa quando ela chegava e, se ela demorava um pouco para vir, íamos buscá-la. Ela morava em Osasco e eu tinha acabado de aprender a dirigir. Nosso carro era um Prefect que mal ia além das rodas. Então, ir a Osasco para buscar Tia Ema era uma verdadeira aventura. Um carro cheio de crianças, uma motorista cheia de insegurança e uma viagem pela frente. Mas valia a pena, pois nosso prêmio era a sua alegria contagiante. Que encanto ela era! Ela não morreu, não, sabe? Falo no passado porque isso tudo aconteceu há mais de vinte anos e o tempo fez seu trabalho. Hoje ela tem quase 60 anos e já não é aquela festa, é claro! Mas gosto de lembrar-me daquela que ela foi; daquela cuja vitalidade e alegria aliviaram muito o peso do meu fardo.

De vez em quando ela também se cansava do rojão que era a nossa vida. Um dia, mais ou menos umas 5 horas da tarde, ela vira-se para mim meio brincalhona, mas "pedindo água", e sugere: "Iva, não está na hora de 'guardar' as crianças?" Guardar as crianças era uma função! Entre juntar os brinquedos, dar banho, servir o jantar e convencê-las de que estava na hora de dormir, "porque estávamos mortas de cansaço", levava quase duas horas. Nessa época e durante muitos anos o Helio viajava a semana inteira e eu me sentia muito sozinha. Quem amenizava um pouco essa solidão era ela, que, com toda aquela alegria de viver, não dava chance para muita fossa.

## Paulo

Era ela e o Paulo, meu irmão mais novo. O engraçado é que quando me casei eu tinha 20 anos e o Paulo 14, um moleque então. Mas em pouco tempo essa diferença de idade passou a ter um peso menor. Quando ele veio morar aqui em São Paulo para fazer cursinho, nós nos encontramos em outra base e fomos durante uns bons dez anos os melhores amigos do mundo. A diferença de idade não só desapareceu como houve muitos momentos em que ele me pareceu mais velho que eu. Ele não tinha compromissos nem problemas;

era forte e livre. Tinha uma aura de independência e de liberdade que me fazia muito bem. Eu estava amarrada a mil compromissos, atolada em mil problemas, mas na minha fantasia a independência e a liberdade do Paulo me confortavam. Existia no mundo alguém que eu amava muito e era dono do próprio nariz.

Ele não morava conosco, claro. Não trocava sua liberdade por nada no mundo. Gostava muito de estar conosco, desde que respeitado seu direito de "livre trânsito". Quando a bagunça dos meninos passava da conta, ele arranjava um jeito de ir embora. Mas não ficava muito tempo sem aparecer. Também não tinha dia combinado para voltar. Só vinha quando estava com vontade. O que era bom é que ele também gostava demais da gente e nunca ficava muito tempo longe.

Não posso me esquecer de uma vez em que estávamos de férias em Santos – só os meninos e eu, pois nessas oportunidades o Helio também aproveitava para descansar do "moto-contínuo" que representavam quatro crianças quase da mesma idade. Nós íamos para Santos e o Paulo ia para o interior, para a casa do meu pai.

Meus sogros tinham um apartamento num lugar delicioso atrás do Palace Hotel e, apesar do trabalho que as crianças davam, a gente adorava ir para lá. Daquela vez a Tia Ema também tinha ido.

Um dia, fazendo uma comida que eu sabia ser do agrado do Paulo, comentei com Tia Ema: "Hum... quando faço alguma coisa que eu sei que o Paulo gosta, me dá vontade que ele esteja junto". Naquele momento abriu-se a porta do apartamento e entrou o Paulo: "Ah! Lá em casa estava um saco! E eu estava morrendo de saudade de vocês!"

Foi uma alegria geral! Todo mundo pulando no pescoço do Paulo, e o resto das férias foi melhor ainda!

Ele participava tanto de nossa vida que, quando se formou e foi para o Japão para fazer uma pós-graduação, nós nos correspondemos durante quatro anos semanalmente, numa grande preocupação de não nos desligarmos.

Mesmo do outro lado do mundo o Paulo me dava força, e escrever para ele ajudava-me a colocar meus problemas numa ordem lógica – muita coisa foi resolvida porque, depois de lhe escrever sobre um problema, a solução se configurava com mais clareza. E, se a solução não vinha, restava o bem-estar do desabafo, do fato de passar para o papel minhas aflições. Eu sei que muitas vezes perturbei-o com um ou outro caso mais complicado, mas ia sempre a ressalva de que quando ele estivesse lendo aquela carta muito provavelmente o problema já estaria resolvido. Não tive grandes constrangimentos em relação a isso e hoje, lendo essas cartas, dá para reavaliar como o Paulo me ajudou, como foi bom para mim contar com ele durante aqueles anos todos em que não tinha coragem de confessar, nem a mim mesma, que eu não conseguia aceitar meu filho. Eu era briguenta, agressiva, intratável mesmo! Mas tinha um irmão que eu admirava, que gostava de mim. Esse fato era altamente gratificante e me ajudou muito. Cada um que me amava escorava-me um pouco e lá ia eu, triste figura, tão dependente de compreensão, ajuda, amor... E, a cada queda, a mão amiga que me ajudava a levantar.

Realmente, só não tive o apoio que não tive coragem de pedir. Lembro-me bem daqueles primeiros anos em que eu não falava do meu sofrimento com ninguém – tinha vergonha, sabe, acho que eu pensava que mãe tem de sofrer calada. Quem me valia muito era o dr. Lefèvre. Quando a angústia chegava a um ponto em que eu sentia que não ia dar mais para agüentar, marcava uma hora e lá ia eu para seu consultório, como quem vai buscar alento para continuar viva. Numa dessas vezes ele me receitou, não sei ao certo, mas acho que foram umas injeções de tônico para o sistema nervoso, e eu, desconsolada, perguntei: "É a fórmula da felicidade?" E ele: "Não, não é a fórmula da felicidade, mas vai ajudá-la".

Nesse dia ele nos encaminhou a uma psicóloga, dra. Betti Katzenstein, para que ela nos orientasse sobre como conviver com o problema. E lá fui eu bater na porta de mais um dos meus Cireneus.

## Ajuda profissional

A casa da dra. Betti era um lugar que me transmitia uma sensação de solidez e segurança. Será que era a casa ou o que a dra. Betti representava para mim? Eu chegava lá arrastando os pés pelo peso da infelicidade, mas ela conseguia sempre que eu saísse pelo menos mais esperançosa. Ela não me consolava no sentido chão da palavra. O que ela fazia era abrir meus horizontes, despertar minha esperança, renovar minha fé perdida. Ela me incentivava a ler, a estudar, a fazer cursos, a encontrar outros pais, a procurar soluções em vez de ficar chorando por minha desgraça.

Nesse ano de 1960 fiz um curso de especialização para professores dado por Olívia Pereira na Seção de Psicologia da PUC. Conheci então uma porção de gente. Alguns nunca mais vi; de outros, como o Luís, pai do Wilson, tenho notícias de vez em quando. O que marcou nesse curso foi o encontro com duas criaturas maravilhosas – Edda Meceni e Ana Maria de Andrada e Silva –, as quais reencontrei anos depois com uma escola de altíssimo nível, onde o José Manoel está hoje. A escola é o Centro Especializado de Habilitação Profissional (Cehap).

Sempre por estímulo da dra. Betti, comecei a participar de reuniões de pais que sonhavam com um centro-piloto, não só de atendimento aos excepcionais mas de formação de técnicos. A semente germinou e hoje esse centro existe – a Apae. Dessas reuniões sobraram, para mim particularmente, amigos e a idéia de viver no campo por sugestão de um filme sobre uma colônia agrícola para excepcionais, na Holanda, que nos foi mostrado por Robert H. Wilson, um americano pai de excepcional e membro de uma associação de pais e amigos de excepcionais no estado de Virgínia, Estados Unidos. Ele estava no Brasil cumprindo um programa do governo norte-americano chamado Ponto IV e procurou-nos para contar sua experiência.

Alguns desses amigos, como a Ruth, mãe do Henrique, vejo pouco, falo por telefone de vez em quando; mas de todos eles existe uma amiga que é minha irmã de coração: a Belinha, mãe do André. Temos vivido juntas um bocado de situações difíceis e devo a ela a oportunidade que tive de descobrir que amava profundamente o José Manoel, aceitava-o como ele é e não queria perdê-lo de jeito nenhum. Mas esse assunto é longo e vem bem mais tarde.

Além de tudo isso – leituras, cursos, encontros –, devo também à dra. Betti minhas primeiras horas de tranqüilidade, com o José Manoel numa escola, sendo cuidado por uma pessoa em quem eu confiava. Foi ela quem o encaminhou à escola da dona Maria José de Castro.

## A tão almejada tranqüilidade

Quando o José Manoel começou a freqüentar essa escola, ele tinha 3 anos e meio e ainda usava fraldas. Eu não tinha conseguido ensinar-lhe nem isso. Dona Maria José recomendou-me que o levasse sem fraldas e pusesse numa sacola algumas mudas de roupa. Elas foram cada vez menos usadas até que um dia – que vitória! – o José Manoel aprendeu a pedir para ir ao banheiro. E não foi só isso. Os primeiros exercícios de foniatria, de coordenação motora e de tudo mais que o José Manoel conseguiu aprender foi ela quem começou a ensinar.

Além disso tudo, devo a ela horas sem conta de uma enorme tranqüilidade. Quando eu o deixava na escola, ficava com a impressão de ter depositado um fardo. E, o que era melhor, com a certeza de que ele estava bem. Já não cabia sentimento de culpa – ele estava na escola porque era bom também para ele e não só para mim, que era o que acontecia nas raras vezes em que eu consegui deixá-lo em casa aos cuidados de uma empregada. Por melhor que ela fosse, aquele expediente era bom só para mim e então vinha um enorme sentimento de culpa.

Mas deixar o José Manoel na escola era o céu! Dona Maria José era muito carinhosa, não só com as crianças mas também com as mães. Ela me transmitia uma sensação de "não se preocupe, comigo ele está bem".

Essa dívida eu tenho com todas as pessoas que se ocuparam do José Manoel, com quem eu pude dividir de vez em quando esse encargo. Nunca tive grandes ambições quanto ao seu desenvolvimento intelectual, de maneira que tudo que ele aprendeu veio como acréscimo. Nunca um sentimento de cobrança, mas sempre uma enorme gratidão. Até hoje fico comovida quando o vejo debruçado sobre um jornal lendo notícias de futebol ou de turfe, dois assuntos de grande interesse para ele. Nunca acreditei que ele fosse capaz de aprender a ler.

A escola da dona Maria José foi a primeira que ele freqüentou, mas houve muitas outras nesses anos todos. Não me lembro de todos os professores que ele teve – foram tantos! –, mas sou eternamente grata aos que deram qualquer tipo de assistência e atenção ao José Manoel. Saibam todos que senti em seu desenvolvimento a força de suas mãos.

## Mais um anjo na família

Um dia, a ajuda caiu do céu. Deve ter caído do céu, pois encontramos a Maria numa agência de empregadas que funcionava numa dependência da Igreja Nossa Senhora do Brasil. Isso foi em agosto de 1960.

Cheguei lá empencada de crianças – Nelson, com 2 anos, Marta com 4, José Manoel com 5 e meio e Antonio Helio com 7 – procurando socorro. Aliás, era uma constante na minha vida: eu estava sempre com água até o pescoço, a ponto de afogar-me.

A Maria era uma menina, mas tão séria e madura que, apesar dos seus 18 anos, logo me senti conquistada e tive coragem de dividir os meninos com ela. Foi então que realmente minha vida começou a melhorar. Lembro-me inclusive do dia em que ela começou a trabalhar em nossa casa: 8 de agosto. Durante muitos anos, enquanto os meninos eram pequenos, nesse dia comemorávamos com bolo o aniversário do nosso encontro. Os meninos cresceram e hoje a gente já não comemora com bolo, mas continuamos nos lembrando com muito carinho daquele dia, vinte anos atrás, em que nos encontramos, sem saber que seria um amor para a vida inteira. Foram tantas as alegrias e tristezas que passamos juntas que não dá para entender nossa vida uma sem a outra.

O engraçado é que nosso relacionamento é uma mistura de papéis – sempre foi. Eu era a patroa e ela, a empregada; mas quem era segura, sabia fazer tudo com perfeição e mantinha a cabeça fria na hora da confusão era ela. No entanto, até hoje, no Dia das Mães, quem ganha presente sou eu. E até hoje fico tão comovida que não consigo agradecer. Só consigo abraçá-la bem apertado, com uma confusão de sentimentos impossível de definir – como é que sou eu quem ganha presente no Dia das Mães se foi ela quem, durante anos, segurou "aquela barra" e só faltava carregar-me no colo?! Ela inclusive dormia no quarto das crianças e nunca me chamava sem antes ter tentado resolver sozinha os problemas que surgiam.

Mas é engraçado: apesar de toda a confiança que a Maria transmitia, a sensação que eu tinha quando deixava o José Manoel na escola era diferente daquela de quando o deixava em casa com ela. Como já disse, deixá-lo na escola era bom para mim, mas era bom para ele também – isso dava um equilíbrio. Mas sair de casa deixando-o para trás era bom só para mim – isso provocava um tremendo sentimento de culpa.

Meu papel principal era o de "galinha choca" que devia sempre estar com todos os pintinhos sob a asa. De tal forma que cada vez que eu saía me sentia muito mal. E na hora de voltar um medo horrível tomava conta de mim – e se tivesse acontecido alguma coisa com as crianças? Eu vinha pelo caminho rezando, pedindo a Deus para encontrar tudo em ordem.

Numa das primeiras vezes em que tive coragem de sair e deixar os meninos com a Maria – lembro-me tão bem –, voltei com um presentinho para cada um. Isso ajudava a compensar meu sentimento de culpa. Para os meninos eu trouxe chocolate e para a Maria uma anágua que naquele tempo estava na moda. Quando cheguei, subi a escada voando e lá estavam todos "inteiros", graças a Deus! A Maria enxugava o José Manoel, em quem tinha acabado de dar banho. Dei o chocolate às crianças e o pacotinho à Maria, que, curiosa, rapidamente o abriu. O José Manoel percebeu que era um presente para ela e o demonstrou perguntando: "Gosta Maria, mamãe?" Quase desmaiei de emoção, pois, afora o fato de ele ter percebido minha intenção de agradá-la, era a primeira vez que ele formulava uma frase. Ele já tinha quase 6 anos.

## Lembranças do cotidiano

E assim era nossa vida, temperada de emoções, umas boas e outras más. Os sonhos e as esperanças cresciam como bolhas de sabão e como bolhas de sabão se desfaziam. Cada vez que ouvíamos falar de alguém que havia conseguido ensinar qualquer coisa a uma criança deficiente mental, lá íamos nós atrás de mais uma esperança. Aulas de ortofonia nem me lembro mais com quantas professoras o José Manoel teve. E a recomendação da dra. Betti era de que não nos empenhássemos em entender o que ele dizia para obrigá-lo a expressar-se melhor; pois ele, pela lei do menor esforço, tentava sempre fazer-se entender por um gesto ou uma meia-palavra. Na medida em que nosso bom senso nos permitisse julgar, deveríamos exigir dele maior esforço no sentido de falar inteligivelmente. Quem nos criou um grande problema foi o Nelson – que nessa época e durante muitos anos foi o companheirão do José Manoel –, pois ele entendia tudo, não importava como o irmão se expressasse. Tivemos de proibi-lo de "traduzir" quando alguém não entendia, ou fingia não entender.

Um dia eles estavam brincando na rua, que era uma extensão do nosso jardinzinho, quando entraram os dois esbaforidos, suados, vermelhos pelo calor e pela urgência em resolver o problema que me traziam. O José Manoel falava comigo e eu não entendia. Eu percebia que ele queria de mim alguma coisa e esforçava-me por entender, mas não conseguia mesmo. O Nelson, ali do lado, os olhos arregalados como dois pires que iam de um lado para o outro, como quem assiste a um jogo de pingue-pongue, estava aflito porque sabia do que se tratava e sabia da urgência, mas como estava proibido de traduzir a muito custo se controlava. Tive pena do Nelson e, como eu realmente não conseguia entender, acabei permitindo:

– Tá bom, Nelson, o que é que ele quer?

– Ele quer "agudão-doce", mamãe, e o agudãozeiro já vai indo embora!

Nesse momento ouvimos a corneta do vendedor de algodão-doce que já ia lá na esquina e eles tiveram de correr para alcançá-lo.

Era assim – e há uma porção de outras passagens que ilustram o que vou dizer – que as mãos dos meus outros filhos me ajudavam muitas vezes, e sem as quais, tenho certeza, não teríamos conseguido tudo que conseguimos do José Manoel.

De outra vez, numa daquelas temporadas de férias, levamos um susto enorme com o Nelson e o José Manoel. O Nelson tinha 4 anos; portanto, o José Manoel tinha mais de 7, o que equivalia a uma idade mental de... não sei, uns 2 anos, não muito mais do que isso. Estávamos na praia e distraí-me um pouco. Quando procurei pelos dois, percebi que já fazia um tempinho que eles não apareciam. Em seguida senti que eles haviam sumido. Fiquei quase louca procurando por eles na praia. Afinal alguém disse que talvez eles tivessem voltado para o apartamento. Eu não acreditava que eles fossem capazes disso, pois, embora o apartamento ficasse a apenas um quarteirão da praia, para chegar lá era preciso atravessar a avenida Ana Costa, que naquele tempo, inclusive, tinha bonde.

Com o coração apertado de medo pelo que pudesse ter acontecido aos meninos, corri para lá e ainda de longe percebi uma significativa rodinha de gente e, graças a Deus, no meio dela, os dois.

Controlada a emoção de encontrá-los "vivos e inteiros", tentei descobrir, com o máximo de calma de que consegui dispor, como é que eles tinham chegado lá.

Conversei com o Nelson, o que tinha condição de me dar a informação que eu ansiava receber. Ele me disse que estavam catando conchinhas e que, quando quiseram voltar, não encontraram mais nossa barraca; então ele achou melhor ir embora para casa. E eu perguntei, surpresa: "Mas, Nelson, quem deu a mão para vocês atravessarem a avenida?" "Nós!", respondeu. "Sim, filhinho, eu sei que você deu a mão para o José Manoel, mas quem deu a mão para você?!" "O José Manoel!" Imagine o que deve ter sido para o José Manoel ter um irmãozinho a quem ele deu a mão para atravessar a avenida! E quantos fatos como esse devem ter pesado na formação do José Manoel. Ele não era sempre o protegido. O Nelson, principalmente, deu-lhe, por algum tempo, a sensação de ser capaz de ajudar alguém. Acho que isso foi muito importante para ele.

Meu Deus, como tudo isso está longe!

Essas temporadas na praia eram hiatos. Nas férias ninguém conhece ninguém, os problemas ficam minimizados. Mas as férias acabavam e tínhamos de voltar.

Voltar ao cotidiano, retomar a cruz com todo seu peso. De novo a angústia de ter de conviver com a dor, a sensação da impotência diante do irremediável.

Embora naquela época eu achasse que os meninos aceitavam esse irmão sem questionar, hoje já não tenho essa certeza. Lembro-me de que era doloroso sair com ele. Mas todas as pessoas que consultávamos colocavam como ponto muito importante que ele fosse tratado exatamente como os demais. Então, quando os outros eram convidados para as festinhas de aniversário, ele era levado também. Acontece que ele já era um meninão e ainda usava fraldas e babador, pois, não conseguindo manter a boca fechada – uma das características do mongolismo –, ele babava muito e isso lhe dava uma notoriedade que não me era nada fácil suportar. Não só os adultos mas as outras crianças também o estranhavam. Um menino tão grande que usava fraldas, não sabia falar e babava tanto! Realmente, não era fácil para os meus outros filhos.

Um dia, na praia, a Marta, que nessa época tinha 5 anos – então o José Manoel tinha 6 e meio –, chegou indignada na nossa barraca porque um menino tinha perguntado se o irmão dela era bobinho. E, à minha pergunta sobre o que ela tinha respondido, ela disse: "Eu?! Eu falei que bobinho era ele que não percebia que o meu irmão é diferente das outras crianças".

Fiquei orgulhosa, mas tive muita pena dela.

Os outros filhos, hoje me dou conta disso, muito sacrificados pelas nossas exigências de compensação, não tiveram muita chance de ser crianças. O Antonio Helio perdeu o colo com 1 ano e meio e a Marta, quando nasceu, já encontrou o colo ocupado por um irmãozinho que seria bebê por muitos anos. Além do mais, coitada!, quando ela estava com 2 anos, o Nelson nasceu. E o Nelson, ao contrário da Marta, que foi estimulada a se virar sozinha, a "crescer bem depressa", foi induzido a andar mais devagar, pois instintivamente havíamos percebido que por temperamento e talvez por uma questão de identidade de sexos o Nelson seria, como foi, um grande auxiliar nosso. Quanta coisa o José Manoel aprendeu imitando o Nelson!

Pois é, para mim esta é uma questão não resolvida: tive o direito de conceber outros filhos? Aquele velho sentimento de culpa que tomou várias formas nesses anos todos hoje ressurge nessa minha dúvida. E sinto que essa culpa está aqui, pois tenho uma forte tendência a explicar os problemas dos meus outros filhos pelo fato de eles terem tido esse irmão deficiente. E quem teve essa criança fui eu.

Você sabe, um dia, há pouco tempo, na sala de espera do meu dentista, havia umas quatro ou cinco mães e inevitavelmente veio à baila o assunto de filhos e do trabalho que eles dão. Eu justifiquei o trabalho que meus filhos me davam com o fato de terem tido um irmão com Síndrome de Down.

Uma das mães vira-se para mim e diz: "Tenho um irmão retardado e esse fato sempre gerou em mim uma culpa". E eu, surpresa: "Culpa? Em relação ao seu irmão? Por quê?" "Porque", disse ela, "sou capaz e ele não é. Meus pais nunca me perdoaram esse fato. Sabe, jamais comentei isso com alguém, mas com você é diferente. Senti que deveria lhe falar. E isto que estou lhe dizendo e vou completar talvez a ajude a entender melhor seus filhos normais: meus pais jamais aplaudiram uma vitória minha. Todas as vezes em que tirei boa nota na escola e mesmo quando punha uma roupa nova e, sentindo-me bem, ia buscar o aplauso da minha mãe, ela suspirava e dizia: 'Ah... isso era tudo que eu queria ver seu irmão fazer'. E eu, hein? Eu, que tinha conseguido fazer, onde ficava? Hoje, já adulta, com filhos moços, consigo entender meus pais; mas de tudo que senti a vida inteira... daquilo não consigo me livrar. E hoje me surpreendo repetindo as mesmas atitudes dos meus pais em relação aos meus filhos. Tenho um menino que vive com amidalite, nada de mais grave, mas sinto, por mais que me controle, que demonstro uma preocupação maior com ele. Às vezes penso em fazer psicoterapia, sabe, para me livrar do peso da culpa, mas não sei se ainda acrescentaria alguma coisa à minha vida... meus filhos já estão criados..."

Eu me senti tão mal! Quantas vezes não me manifestei a esse respeito, mas devo ter tido atitudes como as dos pais daquela moça.

Que vontade de pedir desculpas aos meus filhos "normais"!

Quando sou levada a fazer um balanço da minha vida, penso muito no que ela tem sido em relação a meus outros filhos e sinto nós todos bastante sacrificados em nosso relacionamento. Ah, se eu pudesse voltar atrás com a cabeça que tenho hoje... Naquele tempo, absorvida pelo grande problema que o José Manoel representava, eu me neguei aos outros, fui mãe pela metade, fui mãe aos trancos e barrancos. Perdi minha chance, e o tempo não volta atrás...

Outro dia, numa reunião de pais na escola que o José Manoel está freqüentando, foi unânime, da parte dos pais, o entendimento de que os irmãos do excepcional têm problemas em decorrência desse fato. Isso amenizou um pouco minha culpa. Mal de muitos, consolo de todos. Mas a Edda, pedagoga da escola, nos contou que a família de uma de suas alunas é assistida até hoje pela dra. Betti e os irmãos dela não têm os problemas que surgem normalmente.

Suponho que a dra. Betti tenha um dia colocado isso para mim, mas não ouvi, não entendi, ou sabe Deus o que é que nos leva a proceder como procedemos. O fato é que nosso relacionamento com a dra. Betti era praticamente limitado à orientação do José Manoel. Lembro-me vagamente de certa vez ter levado o Antonio Helio à casa dela, mas tratava-se de um problema definido que foi resolvido. Nada de mais abrangente, de mais geral. Sei lá, deve ter havido uma proposta por parte dela, eu é que não tomei consciência do que possa ter sido. Algumas das propostas que ela me fazia eu cumpria, outras eu deixava de lado. Talvez se tratasse de uma triagem subjetiva que, honestamente, não sei como funcionava. Uma das mais difíceis, mas cumprida até o fim, por mais doloroso que tenha sido, foi a de nunca deixá-lo para trás. Acho que no fundo eu sentia que, se uma única vez eu cedesse à tentação de deixá-lo em casa e só levar os outros, não o tiraria de dentro de casa nunca mais.

Sabe o que eu fazia, então, para amenizar? Tentava disfarçar de várias maneiras. A princípio cuidava muito da roupa dele e, à medida que a situação foi permitindo, procurava consertar, nele mesmo, tudo que pudesse melhorar seu aspecto exterior – desde bota ortopédica até uma cirurgia plástica numa pequena hérnia umbilical que, embora não representasse perigo, chamava a atenção por ser diferente. Mesmo sua botinha, embora fosse ortopédica, coisa que não enfeita ninguém, vivia brilhando e havia sempre de reserva uma bota branca para os aniversários, para as "figurações".

Não sei se é reflexo dessa minha atitude, mas o José Manoel é muito vaidoso. Adora andar bem vestido! E, como não se pode comprar roupa pronta para ele, porque fica sempre comprida nos braços e nas pernas, toda sua roupa é feita sob medida. Seus sapatos também. Então ele está sempre com a aparência de um lorde. Esse fato é notado e muito comentado pelo pessoal das escolas que o José Manoel freqüenta. Sabe, outro dia uma diretora, a propósito dessa aparência do José Manoel, comentou que alguns dos seus alunos nunca vestiram uma roupa nova, uma roupa que fosse comprada especialmente para eles. Dá a impressão de que os pais supõem que isso não é importante, ou que uma criatura, por ser deficiente mental, não faça questão desse detalhe. Não sei.

## "Nota dez"

Falei na dra. Betti e voltei àquele passado. Lembro-me do dia em que ela veio conhecer nossa casa, a casa onde vivia o José Manoel. Já morávamos naquele sobrado da rua Prof. Vahia de Abreu, mas a Maria ainda não tinha surgido na nossa vida. Como sempre, antes de seu advento, eu estava sem empregada e tinha de dar conta de tudo.

Desde que a visita foi marcada eu passei a sofrer. Era tão importante para mim a opinião que a dra. Betti pudesse ter a meu respeito! Eu me sentia tão desvalorizada que não podia perder a oportunidade de "tirar nota dez". Que boba! Nunca tive oportunidade de comentar isso nestes termos, mas evidentemente não era esse o tipo de julgamento que ela vinha fazer. No dia da visita quase morri de tanta preocupação e trabalho. Eu queria que a casa estivesse limpa e arrumada, que o quarto do José Manoel parecesse suficientemente bom para ela, que o armário de roupas dele estivesse em ordem, os brinquedos limpos e arrumados e as crianças bem cuidadas. E, como a visita seria no meio da tarde, eu ainda me obriguei a fazer um bolo. Graças a Deus o bolo cresceu!

Ela chegou à hora marcada. Andamos pela casa conversando muito e acabamo-nos sentando na sala de jantar, onde a mesa já estava posta. A água estava fervendo; fiz o chá e trouxe-o para a mesa. Mas, quando fui servi-la, ela interrompeu-me e, tirando o bule da minha mão, disse: "Você serve a todos, todos os dias. Hoje eu vou servir você". Posso viver cem anos e não vou me esquecer do que senti naquele momento. Meu Deus! Aquela criatura era capaz de ler dentro de mim! Ela sabia que eu precisava de alguém que satisfizesse pelo menos uma necessidade minha, a necessidade de sentir por parte das pessoas a compreensão de que eu não tinha forças para carregar sozinha aquela cruz.

A solidão também foi uma constante em mim. Acho que sou como certos animais, que quando são feridos de morte se escondem para morrer. Eu me fechava em mim mesma. Eram poucos aqueles a quem eu pedia socorro. Para a dra. Betti eu pedia socorro – aos berros!

E assim era ela, ajudando, aconselhando, estimulando-me a ler, a conhecer, a encontrar outros pais para trocarmos nossas experiências, valorizando-me...

## Ajudando pessoas com o mesmo problema

Um dia – o José Manoel devia ter uns 6 anos, mais ou menos – ela pediu-me para visitar um casal que tinha uma menininha com Síndrome de Down, de 1 ano talvez, não me lembro exatamente. De tão desnorteados já não se entendiam e estavam a ponto de se separar. Embora não tenha sido dito, provavelmente um estava responsabilizando o outro pelo problema. Eu também já tinha passado por essa fase e ainda voltaria a ela algumas vezes. No momento eu estava numa fase de otimismo que a dra. Betti provavelmente aproveitou para reforçar. Ela colocou a coisa nos seguintes termos: queria que eu levasse o José Manoel para animá-los, para mostrar-lhes o que era possível conseguir na recuperação de uma criança excepcional. O José Manoel já andava, até corria, já falava alguma coisa e era muito, mas muito bem tratado. Isso era uma coisa que me dava prazer, eu tinha um cuidado muito especial com a aparência das crianças. Considerando, inclusive, que já fazia uns meses que a Maria estava conosco, as coisas andavam, pelo menos no aspecto físico, mais leves. Cheguei em casa muito animada:

– Maria, vamos deixar o José Manoel bem lindo! De bota branca e tudo, pois vamos fazer uma visita muito importante. Vamos mostrar a um casal que está extremamente desanimado com a filhinha deles que vale a pena a gente lutar!

Claro que eu não acreditava totalmente no que estava dizendo. Acreditava em parte, estava acreditando naquele momento.

Lá fomos, o José Manoel e eu, em busca do endereço que a dra. Betti nos havia dado. Quando chegamos eles estavam almoçando. Nós já tínhamos almoçado, mas eles insistiram em colocar o José Manoel no cadeirão junto à mesa e estavam encantados com sua sociabilidade. Colocaram na mesinha do cadeirão um prato para ele, mais um copo com suco. Conversavam pouco, observavam muito, provavelmente enxergando na frente deles não o José Manoel, mas um raio de esperança. Falávamos pouco, com cuidado, uns querendo sentir os outros. Em dado momento o José Manoel vira-se para a mãe da menininha e pede o guardanapo. Pela surpresa deles eu senti que a missão estava cumprida. Foi tão definitiva a atitude do José Manoel que eles tiveram de se render, comovidos diante do horizonte que se lhes apresentava. O que terá acontecido com eles? Terão conseguido superar o problema? Tanta gente com quem mantive contatos tão profundos e depois nunca mais vi...

## Capacidade? De amar, de reconhecer, de acolher...

Mas não foi só o casal que ficou surpreso: eu também fiquei. Eu não acreditava que o José Manoel fosse capaz de aprender coisa alguma. Tudo que eu fazia nesse sentido era por desencargo de consciência, porque me diziam que era assim que tinha de ser feito e eu obedecia. Mas sou capaz de me lembrar ainda hoje da sensação que eu tinha de que a cabeça do José Manoel era uma página em branco onde era impossível gravar alguma coisa. Isso me dava um desespero, uma aflição tão grande! Mesmo na afetividade do José Manoel eu não acreditava. Eu tinha a impressão, embora ele às vezes demonstrasse predileções, de que para ele era tudo igual e ninguém era importante.

Uma das pessoas por quem ele demonstrava um pouco mais de carinho era o Heitor, o mais novo dos irmãos do Helio.

Quando o José Manoel tinha 6 anos, o Heitor foi para os Estados Unidos e ficou lá mais de dois anos. No dia em que ele chegou, nós fomos até a casa dos meus sogros e pelo caminho eu ia dizendo para o José Manoel:

– José Manoel, sabe quem chegou? O tio Heitor. O tio Heitor está lá na casa da vovó. Nós vamos pra casa dela e, quando a gente chegar lá, sabe quem que a gente vai ver? O tio Heitor...

Fomos assim o caminho todo, e ele não dando a menor demonstração de estar recebendo mensagem alguma. E eu, mais para me preparar, dizia para o Helio:

– Ah, já faz tanto tempo! Ele não se lembra mais do Heitor. Quando o Heitor foi embora ele era tão pequenininho!

Quando minha sogra abriu a porta e o José Manoel viu o Heitor do outro lado da sala, ele se soltou de nós e se atirou no pescoço do Heitor. A impressão que tivemos foi de que ele tinha atravessado a sala voando. Foi uma emoção tão grande que até hoje, quando me lembro dessa cena, fico comovida. E até hoje o Heitor é um dos grandes amores do José Manoel.

São essas pequenas lembranças que me dão a exata medida das minhas desesperanças. Eu ia levando, ou melhor, sendo levada, meio induzida, meio enganada, meio iludida; mas, no fundo, no fundo, não acreditava em nada. Aquilo que qualquer criança aprendia sem nem sequer a gente ensinar o José Manoel levava anos para aprender.

Ele só não precisou aprender a se defender quando a disputa era na base da força. Isso deu certo equilíbrio no relacionamento dele com os outros. Muitas vezes eu percebia que o José Manoel estava sendo passado para trás pelos irmãos na base da esperteza. Então eu tentava explicar as limitações do José Manoel, mas o argumento era o seguinte:

– Nada disso! Ele bate duro e, se a gente não se cuidar, apanha de verdade.

E era mesmo, eu tinha de concordar com eles.

Uma vez o Nelson, que tinha um gênio terrível, lutando com ele no banco de trás do carro, perdeu as estribeiras, pegou os dois pés do José Manoel e, levantando-os até a altura dos ombros, dobrou o irmão em dois. Mas, como o José Manoel não se queixasse, ficou mais furioso ainda e desabafou: "José Manoel, se você não fosse molinho eu te quebrava!"

Pois é, o José Manoel, além de molinho, era muito menos sensível e portanto sentia menos dor. Acrescido a esses detalhes há o fato de ele não ter o limite da censura. Assim, quando batia, era para valer.

Até hoje, quando já são todos homens, se algum deles chama o José Manoel para uma luta, acaba sempre pedindo água.

Esse fato contribuiu para um equilíbrio: há uma coisa que o José Manoel faz melhor do que os outros – luta livre.

## Almoço em família: felicidade e frustração

Falando no Heitor e na casa do meu sogro, lembrei-me de um componente agridoce daqueles tempos: os almoços de domingo na casa da vovó. Meus sogros amavam-me e procuravam compensar o fato de meus pais viverem muito longe. Então a casa deles era para mim um lugar realmente muito acolhedor, mas não nos almoços de domingo a partir da época em que o José Manoel nasceu. Acontece que, quando o Helio e eu nos casamos, casaram-se também outros dois irmãos do Helio, o Nelson e a Esther, de forma que a idade de todos os nossos filhos coincide – eles também têm um filho mais ou menos da mesma idade que o José Manoel.

Não era fácil chegar lá e assistir meus sobrinhos fazendo todas as gracinhas próprias da idade, enquanto o meu ficava quieto, sentado no carrinho.

Admito que tudo que eu via era através do filtro da minha sensibilidade machucada; mas se por um lado eu me refugiava atrás de um escudo de desculpas e mentiras, por outro havia um "acordo de cavalheiros" segundo o qual ninguém falava abertamente do retardamento do José Manoel. Se, para mim, era menos ruim mentir, para eles, em compensação, era mais fácil não mencionar.

Mas não só as pessoas da família procediam assim. Nunca houve alguém que me tivesse abraçado bem apertado e dito: "Que pena, Iva, que pena que seu filho seja deficiente!"

Com a razão dá para entender, sabe, mas me faltou essa atitude compreensiva de alguém. Nunca uma pessoa colocou a coisa nesses termos, dando-me uma abertura para dizer: "Realmente, que pena, o meu filho é deficiente".

Outro dia li um livro chamado *A morte como último estágio da evolução* e vi nele tanta analogia com a situação da mãe da criança com Síndrome de Down! A autora, Elizabeth Kübler Ross, coloca coisas que modificam totalmente nossa maneira de encarar a morte e o moribundo. Em um trabalho realizado durante anos com pessoas que estavam doentes, ela esclarece que, de maneira geral, o doente sabe que vai morrer e quer falar na sua morte. Que é totalmente errado esse consenso geral de entrar no quarto do doente com um sorriso de orelha a orelha e comentários do tipo: "Como você está bem hoje! Como é? Pronto pra outra?" como se aquela já estivesse positivamente resolvida. Que o moribundo tem a angústia da urgência, de coisas que ele gostaria de deixar resolvidas, de providências que gostaria de tomar, mas se constrange diante da família e de amigos que lhe dão a impressão de que não sabem que ele vai morrer. Ele não se abre para não provocar sofrimento na família, e ela finge não saber, achando que pode enganá-lo.

Comigo aconteceu e ainda acontece isso. Eu ainda tenho vontade de me abrir – este livro é uma prova indiscutível disso –, mas se às vezes ensaio falar seriamente do meu problema, do meu filho deficiente, as pessoas reagem violentamente: "Mas ele é ótimo! E tão simpático! Tão bonzinho! Tão sociável! Tão educado! Ah, você deve levantar as mãos pro céu! Você teve muita sorte!"

Tá bom, ele é ótimo, simpático, bonzinho, sociável, educado, mas é RETARDADO. Talvez eu consiga me fazer entender se pegar um dicionário e copiar as acepções que estão lá em letras de forma: (part. de retardar) adj. 1 – Que se retardou, atrasado. 2 – Que demora, demorado, moroso; 3 – adiado, delongado, procrastinado; 4 – Psiq. Diz-se do indivíduo cujo desenvolvimento mental é inferior ao índice normal para a sua idade. V. movimento –. S. m.: 5 – Psiq. Indivíduo mentalmente retardado.

Não sei que termos usar, que conceitos colocar, de que formas me valer para que as pessoas entendam que eu levanto, sim, as mãos para o céu, que dou graças a Deus por ele ser como é – carinhoso, amoroso, bem-humorado, vivo, parte atuante da nossa vida –, que adoro esse meu filho; que hoje é ele, mais a Mariana, hoje com 15 anos, que me compensam da ausência dos outros. Mas que tudo isso não invalida a realidade e que de vez em quando quero falar de como é pesado ter um filho excepcional, de como é desgastante ter permanentemente uma preocupação tão grande como essa.

Eu queria que me fosse dado o direito de, de vez em quando, poder dizer isso; mas a atitude das pessoas impede-me. E não é só isso, impede-me de ser honesta e franca e exige de mim que passe o tempo todo dando graças a Deus. Não dá, sabe, não dá mesmo. É muito gratificante encontrar alguém – o que dificilmente acontece – com uma compreensão que me permita desnudar-me e confessar que, embora eu tenha mil motivos para dar graças a Deus, tenho um motivo para, de vez em quando, falar do meu cansaço – tenho um filho com Síndrome de Down durante 24 horas por dia há 25 anos. É uma preocupação que não dá para esquecer, que não cresce ou diminui de acordo com tais ou quais circunstâncias. Ela é sempre igual e provoca um grande desgaste. Tanto que, quando somos convidados para um fim de semana por amigos íntimos, que nos colocam totalmente à vontade para levar o José Manoel conosco, não é sempre que o levo – de vez em quando eu quero descansar.

Outro dia tive uma discussão com uma amiga tentando explicar esse meu cansaço, apesar do meu amor, mas, depois de uma hora argumentando e explicando, vi pelas respostas e pela insistência dela naquele sentido de que "ele é tão bonzinho e todo mundo gosta tanto dele!" que seria inútil continuar tentando. Ela não entenderia nunca! Mas nunca mesmo. Desisti e senti que ficou um mal-estar de lado a lado. Paciência. Faz parte do fato de estar no mundo.

Mas, se tivesse havido clima ou tivesse sido mais objetiva, talvez tivesse conseguido explicar a ela exatamente o que significa hoje, para mim, ter um filho deficiente mental.

Significa não mais um sofrimento, mas uma preocupação constante. Significa que não tenho sequer o direito de morrer. Quem cuidará dele? Os irmãos? Os tios? Uma instituição? Faço restrições a qualquer dessas soluções. Se fosse fácil encaixar o José Manoel em algum outro lar, seria fácil hoje ele circular pela casa dos parentes e amigos como sempre fizeram nossos filhos que não são excepcionais. Mas sinto que existe por parte de todo mundo uma grande reserva, um grande medo de receber o José Manoel. Ele é diferente. As normas gerais não servem quando se trata dele. Nesses 25 anos, justiça seja feita, o José Manoel foi recebido com naturalidade na casa dos meus pais – minha mãe é uma pessoa muito simples que não complica nada; na casa da Nelsir e do Carlos – eles têm cancha; na casa das minhas irmãs, Gusta e Miltão, Pá e Moa, porque tiveram em minha mãe uma boa escola e conviveram bem próximo dele desde os 10 anos de idade. Isso faz que elas o tratem com muita naturalidade. E os maridos delas porque, graças a Deus, também não são nada complicados.

No entanto, as pessoas sempre tiveram medo de ficar com o José Manoel – medo da responsabilidade, medo da laringite estridulante e intermitente que ele teve durante muitos anos, medo de não entender o que ele diz, de não perceber o que ele esteja sentindo ou pensando ou de não saber lidar com ele... Eu compreendo, até porque eu mesma nunca tive a menor disposição de convidar filho deficiente de quem quer que fosse para passar mais que um dia conosco. Sei lá. Eles representam realmente um mistério.

Pois é, quem ficará com nosso filho se morrermos antes dele? Porque não é só o fato de ficar com ele, tenho consciência de que qualquer elemento que não seja pai, mãe e filhos perturba a dinâmica familiar, excepcionaliza tudo. Não me sinto com o direito de pedir isso a ninguém.

Sobra então a solução de um lar constituído para excepcionais. Sei que há muita gente se movimentando nesse sentido. Mas o José Manoel não vai gostar de morar num lar de excepcionais. Ele gosta muito do ambiente de um lar onde as outras pessoas com quem ele convive são normais. E deixa isso bem claro. Nunca "morreu de amores" por nenhuma das escolas que freqüentou e não "morre de amores" pela escola atual. No seu aniversário, como moramos num sítio, costumamos convidar a escola toda e eles vêm em ônibus de excursão e passam o dia aqui. Este ano ele não quis repetir o programa. Queria que fossem convidados só os professores. Não nos demos por achados e explicamos a ele que então não haveria aquele churrasco de todos os anos. Ou vinham todos ou não vinha ninguém. Pois este ano ele ficou sem festa, uma vez que não abriu mão da exigência. Houve depois, no domingo, um almoço de família; mas aquela festa de todos os anos com a escola toda participando não aconteceu porque ele foi firme – queria mesmo que convidássemos só os professores. Então eu percebo que o próprio José Manoel faz sérias restrições aos colegas. Essa atitude não me deixa dúvidas: ele não seria feliz se tivesse de morar num lar para excepcionais. Ele inclusive já esteve num internato durante quatro anos, e sofreu muito com a separação.

Bom, mas isso vem muito depois. Antes há a nossa saída daquele sobradinho da Vila Olímpia.

## Um novo lar

Quando eu estava grávida do Nelson, surgiram em mim graves complicações cardíacas que resultaram – depois que ele nasceu – em duas cirurgias. Eu já não podia morar numa casa com escada, e o Helio saiu à procura de um terreno onde ele pudesse construir uma casa térrea.

Um dia ele chega em casa muito satisfeito, pois tinha encontrado um terreno ótimo, a preço acessível, e isso resolvia nosso problema. Foi quando ele colocou para mim o negócio decidido que tomei consciência de que aquilo significava sair dali. Tive uma crise de choro que durou horas e nem sequer conseguia explicar a ele minha reação. Sabe, nem eu mesma tinha me dado conta de quanto significava para mim aquela casa, aqueles amigos em volta... De repente uma enxurrada carregou meu ponto de apoio. Aquela casa era para mim um ninho tecido pelo amor de todos aqueles amigos que nos rodeavam. Não me esqueço deles nunca, e é sempre com muito carinho que me lembro de cada um. Até hoje, quando os encontro, tenho de me esforçar para controlar minha emoção, certa de que, se eu permitisse um transbordamento, eles ficariam constrangidos. Eles não fazem idéia do que significaram para mim, eu nunca lhes disse. Estou dizendo hoje, tomada dessa emoção, e arrependida de nunca ter tido a coragem de enfrentar, talvez, um rótulo de piegas. Não importa. Hoje consegui dizer e vou dizer mais: ontem ainda, dezessete anos passados, eu estava dizendo ao Helio que não há o que me convença de que nossa vida teria sido melhor se tivéssemos continuado morando lá. Aqueles vizinhos eram nossos irmãos, e nunca foi ruim viver rodeado de amor.

A casa nova começou a ser construída e, é claro, eu acabei me entusiasmando por ela, chegando até a acreditar que seria bom morar lá. No começo, a novidade de uma casa bonita, construída de acordo – nem posso dizer de acordo com nossas necessidades, pois ela superava isso em muito –, deu-nos alguma alegria.

Em junho de 1963 nos mudamos para lá. Mas aquela casa realmente não me dizia nada. Para quem tinha saído de um ninho rodeado de amigos, aquela casa, rodeada de terrenos vazios e de casas construídas no estilo "paulistano", voltadas para trás, em cujas calçadas jamais víamos alguém, não dizia nada. Os carros encostavam no portão da garagem que, como por um toque de mágica, se abria e tragava o carro e seus ocupantes. Isso me provocava uma solidão tão terrível que eu vivia enchendo minha casa de gente para sentir vida perto de mim. O que eu inventava de pretexto para convidar parentes e amigos nem consigo me lembrar.

Meus filhos se lembram desse período como uma fase boa da vida deles. A rua em si era simpática. Era também uma rua de terra que não oferecia perigo, e os meninos continuaram com a mesma liberdade. Só que agora não havia tantos amigos por perto. Próximo dali havia uma escola nos moldes daquela em que eles estavam e, com a transferência, eles ganharam o prazer de ir à escola a pé. A uns dois ou três quarteirões havia uma praça onde os meninos do bairro jogavam futebol. O time do Antonio Helio chamava-se "Fraternidade Futebol Club" e eu, que não perco uma oportunidade de "aproveitar o cenário", comentei que era um nome muito significativo. O Antonio Helio, com uma resposta, desfez minhas possíveis ilusões: "É, o time se chama Fraternidade, mas quebra cada pau!"

## Um susto

Quando foi em setembro, não sei por que o José Manoel passou a freqüentar o Pestalozzi. Era totalmente fora de mão! Imagine que nossa casa ficava na rua São Luís (hoje Comendador Elias Zarzur), quase esquina da Marechal Deodoro, lá perto da Chácara Flora, quase no bairro de Santo Amaro. Já o Pestalozzi ficava na alameda Cleveland, ao lado da Estação Sorocabana, do outro lado da cidade!

Por que será que o José Manoel foi para lá? Não sei mesmo. Talvez porque fosse um regime de semi-internato... não sei.

Lembro-me vagamente de uma entrevista com um psicólogo, em que se fez uma retrospectiva da vida do José Manoel; lembro-me de ter chorado muito... era sempre doloroso tocar em feridas não cicatrizadas... nada mais.

Naquele ano, em dezembro, o José Manoel sofreu um pequeno acidente que nos deu um susto enorme.

Todo fim de ano a firma em que meu marido trabalhava dava uma festa de Natal que reunia os empregados do escritório e os engenheiros. Naquele tempo éramos uma grande família, e quem tinha filhos os levava. Era uma festa muito gostosa. Cada um dos nossos filhos, a seu tempo, considerou uma grande deferência ir à "festa de Natal no escritório do papai". Naquele ano foram o Nelson, que estava com 5 anos, e o José Manoel, com um pouco mais de 8.

Para chegar ao escritório, que ficava na rua Dom José de Barros, o Helio deixava o carro numa garagem da rua Xavier de Toledo e atravessava uma galeria que tinha escada rolante.

Imagine a loucura que foi para os meninos, que nunca iam à cidade, dar com uma escada rolante! O Helio depois contou que teve de ficar um bom tempo esperando os meninos subirem por um lado e descerem pelo outro. A partir de certo momento, já não tinha graça subir e descer em pé e eles passaram a fazer o trajeto sentados, só se levantando na última hora, quando a escada já estava quase no fim. Numa dessas vezes o José Manoel não conseguiu ficar em pé a tempo e aquelas pontas em forma de garfo, onde os degraus se encaixam, rasparam feio sua bundinha. Nem sei se na hora ele se queixou – ele quase não sentia dor –, se eles ainda foram à festa, ou se voltaram para casa. Mas acho que foram à festa, sim. Quando chegaram em casa achei o ferimento do José Manoel com uma cara meio feia e, para nos tranqüilizar, o levamos a um pronto-socorro que havia ali perto. O médico fez um curativo e achou por bem aplicar-lhe soro antitetânico.

O machucado ia cicatrizando bem quando, uma semana depois, o José Manoel amanhece com placas vermelhas pelo corpo. Telefonei para o pediatra e este mandou levá-lo para o Pronto-Socorro Angélica, onde ele atendia também. Pelo seu tom de voz percebi que era grave e urgente. Telefonei para dona Maria, minha sogra, e pedi-lhe que nos fosse encontrar lá. Chegamos quase ao mesmo tempo. O médico examinou o José Manoel, e diagnosticou uma reação alérgica do soro antitetânico e concluiu que o pior já havia passado – ele poderia ter tido durante a noite um edema de glote e morrido! Então foi nossa vez de quase morrer! O Helio, dona Maria e eu, abraçados naquele nosso menininho renascido, choramos de alívio.

Que estranho!... A gente não quer ter um filho excepcional, mas depois não quer que ele morra.

Uns meses depois, outro susto: o José Manoel toma meio vidro de remédio e tem de fazer uma lavagem de estômago. Poucas vezes vi cena mais impressionante! E horrível! Quer dizer, a lembrança que eu tenho é horrível. O José Manoel tão indefeso, sendo submetido a um tratamento tão agressivo! Eu chorava e precisava me esforçar para reagir à sensação de desmaio que queria me dominar.

Não me esqueço da emoção que houve quando terminou tudo. Ele me abraçou e consolou: "Não chora, mamãe, já passou tudo. Não chora". E ele é assim até hoje. Carinhoso, preocupado em nos poupar sofrimento.

Por falar em poupar sofrimento, lembrei-me de certa vez em que foi a Marta quem teve essa preocupação comigo.

Um dia ela recebeu um convite para o aniversário de uma garotinha que morava a uns dois quarteirões de casa. Eu sabia, por ela, que a menina era filha única, que os pais viajavam muito e quem cuidava da casa e da menina era uma governanta. Por aí podia-se depreender o nível econômico da família. Não era gente simples. Bom, estava quase na hora do aniversário, e a Marta sem mostrar muita animação em se arrumar. Tentei, com jeitinho, descobrir o porquê da falta de entusiasmo. Será que elas tinham brigado? Será que a Marta estava preocupada que sua roupa não estivesse de acordo? Será que ela não estava achando o presente suficientemente bom? Mas a todas as minhas tentativas a menina se esquivava. Percebi que havia um motivo e que ela não queria contar. Acabei tendo de ser direta e demonstrar que sabia que não era nada daquilo, que havia alguma outra coisa. Então, vendo que não tinha outro jeito, ela acabou dizendo que não queria ir porque a mãe da menina tinha sido muito grosseira, recomendando-lhe que não levasse seu irmãozinho. E ela sabia qual irmãozinho não devia levar.

Duro, né? Coitada da Marta! Ela tinha 7 anos, era colocada diante desse tipo de situação e nunca veio me perguntar o que fazer. Tomava suas decisões e ainda procurava me poupar.

Decididamente a vida nessa casa não foi nada boa. Só tinha de bom mesmo o fato de os meninos irem a pé à escola e o time de futebol do Antonio Helio. O resto, para mim pelo menos, era só distância e solidão.

Já fazia dois anos que estávamos lá quando, um dia em que o Antonio Helio tinha trazido as camisas do time para serem lavadas, tivemos uma gostosa surpresa. O Antonio Helio, devagarinho, falando baixo para não demonstrar ao José Manoel toda a surpresa que ele estava sentindo, chega na porta da cozinha e me chama: "Mamãe, venha ver! O José Manoel está pegando as camisas e dizendo certinho o número de cada uma!"

Isso foi em 1965, portanto o José Manoel já tinha 10 anos.

## A família aumenta

Em agosto desse ano minha sogra morreu. Foi terrível! Ela morreu em conseqüência de um acidente, e a gente não conseguia se conformar. Meu sogro veio morar conosco e parecíamos um monte de paus podres, uns se escorando nos outros.

Mas, sem sombra de dúvida, meu sogro foi uma das pessoas mais especiais que já conheci. Embora ele tivesse tido um amor enorme por ela e os dois tivessem vivido quarenta anos de um relacionamento invejável, ele conseguiu reagir àquela desgraça e procurou adaptar-se à nossa família, tentando não ser um fardo para ninguém. E conseguiu. Ele viveu conosco onze anos sem que uma única rusga viesse quebrar a harmonia do lar. Nós nos dávamos muito bem. Ele transmitia-me a sensação de que eu era muito amada por ele. Embora eu fosse um tipo de pessoa completamente diferente daqueles modelos que ele parecia considerar ideais, ele me apoiava muito, mesmo quando não comungava plenamente com as minhas idéias.

Prova disso ele me deu logo em seguida. Fazia um mês que ele estava morando conosco quando veio me visitar uma amiga que, embora goste muito de mim, raramente aparece, a Florença.

No meio da conversa toca o telefone. Era a Regina, uma das minhas vizinhas da rua Vahia de Abreu, que telefonava a pedido da Zilah, outra vizinha nossa, para me contar que ela, Zilah, afinal tinha conseguido ficar com a menininha por cuja adoção estava lutando havia quase um mês. Mas que ela não estava completamente feliz porque outro casal queria essa mesma criança e não tinha sido agradável ver a tristeza deles por terem-na perdido. Desliguei o telefone e comentei o caso com a Florença, falando inclusive do recado que eu tinha mandado para a Zilah: que ela podia aproveitar totalmente aquela felicidade porque eu me comprometia a descobrir outra criança para aquele casal.

Quando a Florença ouviu isso, lembrou-se na mesma hora de uma menininha que podia ser adotada. Telefonou imediatamente para a Bruna, sua irmã, e logo desencadeou um processo no qual me envolvi. No dia seguinte eu já estava de posse dos endereços do casal e da depositária do nenezinho, o qual tinha sete dias apenas. Fui buscar o nenê e nos mandamos, a Marta e eu, para a casa do casal. Mas quando chegamos lá – eu já nem lembro onde era – eles nos disseram já ter ganho uma menininha no dia anterior. Eu ainda insisti com a mãe: "Você já perdeu tantos, fique com as duas..." Ela teve medo de não dar conta e acabamos voltando com o nenê. Era um sábado, fim de dia. Estourando com uma enxaqueca, provavelmente pelo excesso de emoção, decidi ir para casa em vez de voltar para o Alto de Pinheiros e devolver aquele nenê. Não havia problema, pois, quando fomos buscá-lo, sua depositária nos deu toda a roupinha, o leite em pó e as mamadeiras, tentando facilitar as coisas para o casal, possivelmente desprevenido.

Quando chegamos em casa, já era noite fechada. O Helio, quando nos viu entrar com nenezinho e bagagem, não entendeu nada. Expliquei o que tinha acontecido e que, como já fosse muito tarde e eu estivesse me sentindo muito mal, tinha achado melhor deixar para devolver o nenê no dia seguinte. Só não contei que, pelo caminho, a Marta e eu, apaixonadas pela menininha, já tínhamos até escolhido um nome para ela.

Fui atrás da Maria, que me deu uma ajuda e num minuto transformou o cesto de roupa passada num cestinho de nenê e o colocou no meu quarto, ao lado da cama.

Era hora de jantar, sentaram-se todos mas eu, sob pretexto da enxaqueca, fui para o quarto.

Dali a pouco chega meu sogro e sem rodeios demonstra ter percebido minha intenção de ficar com aquela criança, mas achava difícil convencer o Helio. Respondi que sabia disso mas contava com ele.

O que ele disse ao Helio eu não sei, mas no dia seguinte, domingo, quando o Helio chegou de um passeio com os meninos e contei-lhe em prantos que uma assistente social, sabendo de toda a história, tinha vindo buscar a menininha, perguntou-me – e num tom que não me deixou dúvidas de que a batalha estava ganha: "E você, entregou?" E eu: "Não, não consegui". E ele: "Tá bem. Não chore. Tá tudo bem".

Ela se chama Mariana e hoje tem 15 anos.

## Férias e nova mudança

Era setembro de 1965 e já nesse segundo semestre o José Manoel passou a freqüentar, na Granja Julieta, o Centro

Educacional Avanhandava, que nós, mães, carinhosamente chamávamos "a escolinha da Ilo". Ele ia à escola de manhã e duas vezes por semana continuava freqüentando a Escolinha de Artes da Isolda Bachi Bruch, onde já havia dois anos era aluno da Edda Meceni.

Nesse fim de ano fomos para o Guarujá, para um apartamento muito gostoso construído pela firma onde o Helio trabalhava. A intenção era fugir do esquema de Natal dos anos anteriores, pois sem a vovó estava muito difícil. Era tratar de vencer o mais rapidamente possível aquela última semana de dezembro. Fizemos de tudo para passar o Natal como se fosse um dia qualquer, mas fomos vencidos pela inocência das crianças. Apesar de sentirem muito a falta da avó, não conseguiam ignorar que era Natal. Não tínhamos nem comprado presente para as crianças, mas meu sogro, sabendo como os meninos, principalmente o José Manoel, eram loucos por dinheiro, tinha arrumado uma porção de notas estalando de novas e, na hora do jantar, distribuiu-as entre eles. O José Manoel ficou meio louco! Subiu em cima do banco que havia na sala e gritou: "Estou rico! Vou comprar um carro! Estou rico!" E jogava o dinheiro para cima.

O José Manoel é tão engraçado! Na mesma medida em que ele adora dinheiro é a criatura mais pródiga que eu conheço. Nunca tem um tostão. Ele gosta de ganhar, mas também não faz a menor questão de guardar.

Passamos ali no Guarujá um tempo tão gostoso, com tantos amigos ocupando os outros apartamentos, que foi duro, na volta, suportar a casa da rua São Luís. Em poucos meses nos decidimos e fomos morar no melhor lugar do mundo!

Em maio de 1966 nos mudamos para um apartamento na avenida Paulista, quase esquina da rua Pamplona. Realmente parecemos ciganos, estamos sempre com a casa nas costas. Deve ser reflexo de um sentimento muito forte em mim – uma profunda necessidade de busca. Se não está bom, eu não consigo deixar como está. A par disso há os conceitos do que é bom para o Helio, o que é bom para os meninos. Assim vai longe. Naquele tempo a avenida Paulista era linda! E o romântico bonde ainda existia.

Foi tão bom morar lá! Só que era um lugar muito perigoso para o José Manoel. Ele começou com uns prurido de liberdade, e a gente tinha de viver atenta. Tanto assim que em novembro de 1969 nos mudamos para um lugar menos movimentado, um apartamento na rua Jacurici, onde também não gostei de morar.

Não saía da minha cabeça aquela idéia de comprar um sítio. Quanto mais trabalho o José Manoel nos dava, mais essa idéia crescia em mim.

Ainda estávamos na avenida Paulista, quando um dia o Antonio Helio e a Marta foram para Campos do Jordão com a Esther. O José Manoel, que não se conformava por não ter ido também, aproveitou-se de um momento de distração minha – aliás, nem se aproveitou disso, pois tinha avisado, eu é que estava absorta em algum assunto – e decidiu ir por conta própria para Campos do Jordão. Em dado momento toca o telefone. Era a Yvonne, mulher do Nelson, meu cunhado, avisando-me que o José Manoel estava na casa dela. Nessa época eles estavam morando na rua José Clemente, na casa onde meus sogros tinham morado. O que tinha acontecido nós reconstruímos depois. Ele me havia dito:

– Mamãe, eu vou pra Campos do Jordão. Posso levar minha camisa do Corinthians?

Eu, distraída, devo ter ouvido só a pergunta, e não o aviso, e respondi:

– Tá bom, José Manoel, pode.

Ele arrumou uma sacola com roupas, passou pela sala e pediu dinheiro ao avô para tomar um táxi; meu sogro ou não entendeu ou não levou a sério e, de brincadeira, deu-lhe uma nota de um cruzeiro e recomendou: "José Manoel, se você vai descer (havia no térreo um *playground* fechado onde os meninos brincavam, que era o limite para o José Manoel e até aquele dia tinha funcionado), não demore, pois está quase na hora do jantar". Ele desceu, tomou um táxi e mandou ir para o aeroporto. O motorista obedeceu mas, pelo espelhinho retrovisor, passou a observar aquele menino e a achar que alguma coisa estava errada. Certamente porque o José Manoel disse que ia para o aeroporto tomar um avião para Campos do Jordão! Eles já estavam na avenida Brigadeiro Luís Antônio, abaixo da rua Estados Unidos – as duas ruas naquele tempo tinham duas mãos –, quando o motorista resolveu voltar pelo mesmo caminho para ver se conseguia deixá-lo perto de casa. Quando passaram pela esquina da rua José Clemente, o José Manoel disse: "Meu tio mora aqui nesta rua". O motorista, esperançoso, entra na rua, pára em frente da casa indicada, toca a campainha e pergunta à minha concunhada se aquele menino era sobrinho dela. Tendo uma resposta afirmativa, cobra o valor da corrida e, aliviado, entrega o José Manoel à tia, que telefona para a mãe... que nem sonhava com o perigo que seu filho estava correndo. Nessa hora os joelhos da gente viram geléia. Meu Deus do céu! Aeroporto! Avião para Campos do Jordão!

Isso acabou por me convencer. Vou comprar um sítio! Vou prevenir-me! Se não, como será nosso futuro com o José Manoel?

Falei com o Helio e a resposta foi: "Comprar um sítio? Com que dinheiro?" Aí eu tive uma idéia que na hora pareceu sem pé nem cabeça mas acabou se revelando genial: "E se eu encontrar quem queira trocar um sítio pelo sobradinho da Vahia de Abreu, posso trocar?" O Helio, para se livrar de mim e absolutamente certo de que eu jamais conseguiria um negócio assim, concorda e encerra o assunto. Problema meu que ele não quer nem discutir.

Com quem vou discutir minha idéia maluca? Com meu sogro, claro! Que no fundo deve ter pensado como o Helio, mas não sabia negar nada a mim. Adota minha maluquice e passa a pedir aos amigos e conhecidos "dicas" de como conseguir comprar um sítio. Só que ele não entrava no detalhe da troca.

Um dia ele chega do trabalho com notícias. Um companheiro seu tinha dado uma indicação que valia a pena pesquisar. Havia em Cotia um parente de sua esposa que conhecia todo mundo e talvez pudesse ajudar.

Fui para Cotia, encontrei essa pessoa que realmente conhecia todo mundo e me indicou um senhor que talvez quisesse vender um pedaço de sua propriedade, uma terra muito grande. Fui procurá-lo; ele me levou para ver uma parte, que descartei logo, pois era muito longe do asfalto e não havia a mais remota esperança de luz elétrica. Demos uma volta grande e chegamos ao outro lado, agora com características bem mais simpáticas. Era perto do asfalto, onde havia cabo de luz. Que bom! Exatamente como eu queria! Só que... eu não tinha dinheiro para pagar. O que eu tinha era aquele sobradinho na Vila Olímpia, em São Paulo, com 120 m² de área. Quase desmontei quando ouvi a resposta: "Tá bom. Meu filho vai se casar e eu ia mesmo comprar uma casa para ele. Assim fica tudo certo".

Quando cheguei em casa e contei a façanha, o Helio demorou para acreditar e meu sogro ria e batia palmas dançando de alegria e admiração. Que amor ele era!

Era setembro de 1967. Até organizar os papéis passaram-se uns meses, e em dezembro tivemos a escritura do sítio. Só que ele não era um sítio, era um sonho. Era uma terra, pura e simplesmente, com uma grande parte plantada de eucaliptos, muita mata virgem e só. A primeira máquina que entrou ali para fazer uma estrada fomos nós que levamos.

## Diários do sítio

O aniversário seguinte do José Manoel já foi comemorado no sítio. Havia apenas um ranchinho e uma precária churrasqueira. Não tinha havido tempo para providenciar mais do que isso. Era 19 de março de 1968. Em novembro nós sairíamos da avenida Paulista para a rua Jacurici.

Sabe, esse sítio foi para mim um sinal bem grande de que Deus escreve certo por linhas tortas. Não vou chegar ao extremo de dizer que dou graças a Deus por ter tido um filho com Síndrome de Down, mas tenho de admitir que se não existisse o José Manoel em nossa vida nunca teríamos pensado em comprar um sítio. E o que este pedaço de terra nos tem dado de satisfação não há como descrever.

Desde o começo a gente diz que o sítio é do José Manoel, tentando com isso criar nele um sentimento de posse, de responsabilidade, de amor. Mas um trecho de uma das cartas que escrevi para o Paulo – que tinha ido para o Japão, em abril de 1968, para fazer um curso de pós-graduação em arquitetura – dá bem uma idéia de como tudo foi muito diferente desde o começo. Essas cartas tinham a função de nos situar com exatidão para que não perdêssemos o contato. As coisas eram colocadas sob títulos, cuidadosamente, para que mesmo de longe ele continuasse vivenciando nossas experiências.

O item mais freqüente é "SÍTIO". Logo no começo há uma carta datada de 6 de maio de 1968, que diz assim:

*"Estou completamente apaixonada pelo sítio. Imagine você que, ontem, confiadíssima no seu Manuel, o carpinteiro, arrumei toda a mudança, inclusive roupa de cama, cobertores, travesseiros, isopor com gelo, lampião a gás etc., pois ele havia jurado, quando saí de lá na quinta-feira à tarde, que a casa estaria pronta no sábado. Não só a casa estaria pronta, como ele faria na própria obra três beliches e colocaria no quarto. Tudo feito a prego e martelo, mas eu estava achando ótimo. Inclusive quando saí de lá na quinta-feira já deixei um beliche pronto; passei em Cotia e deixei seis colchões comprados para serem entregues no dia seguinte.*

*Paulo, quando chegamos no sábado, quase morri! A obra na maior bagunça da paróquia, não oferecendo a menor condição de ficarmos. Larguei lá um pouco do que tinha levado para não trazer tudo de volta e jurei que só volto no sábado que vem."*

## 20 de maio de 1968

*"Dormimos de sábado para domingo. Quase morremos de frio. Se bem que teríamos morrido sorrindo, pois reinava a maior felicidade! Éramos o Nelsinho, a Marta, a Ana, amiga da Marta, Mariana e eu. O Antonio Helio ficou em casa com gripe e teria ficado, mesmo sem gripe, pois ele só gosta das coisas com conforto. É um lorde! O Helio, o vovô e o José Manoel passaram lá a tarde de sábado, vieram dormir em São Paulo e vol-*

taram no domingo. Eles também fazem questão do conforto. Você vê por aí que posso parar de falar no sítio do José Manoel, né? Com o sítio o José Manoel não quer nada. O sítio é meu.

Bem, como estava muito frio, o fogão a lenha ficou aceso o dia inteiro. À noite acendemos o lampião e ficamos aquecendo-nos em frente ao fogo, tomando leite quente com açúcar. Leite de vaca? Não, leite em pó. A Marta, muito observadora (não sei a quem saiu), disse que parecíamos cena daqueles desenhos em que se tem de apontar os erros do desenhista, pois estar ao pé do fogo (primitivíssimo) tomando leite em pó realmente não combinava."

## 2 de setembro de 1968

"Acabei de chegar do sítio. Pode anotar no seu carnê de controle da minha vida: com o Nelsinho tendo mudado de período na escola e ganho de presente de aniversário uma égua que ele queria que se chamasse Angelina e chamaria de Gusta e eu consegui que se chamasse Camurça (vide Chapadão do bugre, do Mário Palmério), meu programa é despachar o José Manoel, que vai para o Centro de Treinamento do Itaim (CTI) com condução da própria escola, levar a Mariana para o Serelepe e rumar para o sítio com o Nelson. Lá chegando, o Nelson arreia a égua e fica 'cavalgando' até quase meio-dia – mas some mesmo! Vai ajudar os peões do seu Alcides a procurar o baio ou 'amarrar' as vacas no pasto... nem sei bem se foi esse o termo *que ele usou. Chega suado e fedido, tira a sela da Camurça e guarda; depois ponho garfadas de comida em sua boca, pois suas mãos estão ocupadas pondo milho debulhado na boca do animal. Levo arroz pronto e bife ou ovo que eu faço na hora para ele almoçar, porque na volta ele já fica na escola. Eu já disse que qualquer dia a professora vai proibi-lo de entrar na classe, pois o suor dele misturado ao suor da Camurça... não há quem agüente o cheiro. Pois é, Paulo, nunca tive uma fase melhor na minha vida. Sou a criatura mais feliz do mundo!"*

E por aí vão histórias do sítio que dariam outro livro e mostram o bem que ele me fez desde o primeiro dia. Sempre que eu podia, fugia para cá e aqui eu estava no céu.

Em relação ao José Manoel, os registros nessas cartas são de muito trabalho e muita preocupação. Ele teve uma fase comprida de muita desobediência, de agressividade comigo, e pelas cartas a gente pode observar minha irritação crescendo até chegar a um ponto que vem a furo, como se fosse um tumor vazando.

## O ombro do Paulo – mesmo a distância

O Paulo esteve fora quatro anos. Durante esse tempo eu escrevi para ele regularmente uma vez por semana e muitas vezes numa semana foram duas ou três cartas. "Dependendo de (palavras minhas daquela época) o caleidoscópio da minha vida girar mais ou menos, freqüentemente criando novas figuras" – que eram a própria representação da minha vida. Como a minha intenção, com essas cartas, era manter o Paulo a par da nossa vida, elas eram verdadeiros diários. Elas constituem um volume de mais ou menos mil páginas. E relendo-as percebi um fato muito sintomático: falo do sítio em todas as cartas, falo muito dos outros e quase nada do José Manoel. Eu me lembro que nessa época realmente ele me dava tanto trabalho que eu preferia não falar nele. Com freqüência eu coloco bem destacado um item – crianças. E falo de uma por uma, comentando suas fases e seu desenvolvimento. Do José Manoel falo bem poucas vezes, muito rapidamente.

O Paulo viajou em abril de 1968 e a primeira carta em que aparece uma referência ao José Manoel é a do dia 17 de novembro desse ano:

*"JOSEZINHO – Graças a Deus passando por uma fase mais ou menos calma e, conseqüentemente, eu também. Estamos tentando encontrar alguém que queira fazer a tentativa de colocar nele um aparelho que obrigue a arcada superior a se abrir e assim permitir que o céu da boca fique mais raso e com isso melhorar sua fala. O próprio aparelho vai impedir que ele viva de dedo na boca, o que vai representar uma melhoria no seu aspecto: ah! ouvi falar também de um cirurgião plástico especialista em boca. Estou com grandes esperanças. Depois te dou notícias. O sítio tem me ajudado um colosso. Ele me compensa da sua ausência e do trabalho e das preocupações que os meninos me dão."*

# 17 de março de 1969

*"JOSÉ MANOEL – Uma observação da Gusta chamou nossa atenção para uma grande piora nos seus modos à mesa. A gente está com ele todos os dias e não percebe, fica achando que ele está agredindo a gente com maus modos, só para chamar nossa atenção. Mas depois a Gusta relacionou com o nível dos alunos da escola que ele está freqüentando no momento e começamos a pensar que deve ser isso mesmo. Possivelmente há muitos cujo grau de retardamento é de tal ordem que só o fato de se alimentarem com a própria mão já é uma grande coisa, então o pessoal da escola não está muito preocupado em exigir mais do que isso. No sábado fomos almoçar no Jockey, pois o Beatle[1] corria no primeiro páreo, e quase morri de pena do Helio. Se considerarmos que ele vai ao Jockey com os meninos todas as semanas... O Helio é mesmo um santo! Quando ficamos sozinhos e eu comentei isso tudo com ele, sua resposta foi: 'Bom, e o que é que a gente vai fazer? Não se pode segregar, né?' E eu: 'Pois é, mas temos de tomar uma providência. Ele está deixando de ser um menino e se transformando num rapaz, daqui a pouco é um homem... Ele está malcomportado, sem educação, teimoso, desobediente, grosso mesmo. Você não pode levá-lo ao Jockey se ele continuar se comportando dessa maneira'. E o Helio: 'Pois é, mas o que é que vamos fazer?' 'Vamos dar em cima e pô-lo na linha outra vez!', disse eu.*

---

1     O Helio criava cavalos no sítio, e o Beatle é um potro nascido lá.

*Pois é, Paulo, vamos ver se conseguimos reequilibrar. E não adianta pensar em mudar de escola, não há nada melhor. Talvez aquele internato em Betim, Minas Gerais – Escola N. S. d'Assumpção –, onde está o André da Belinha. Ela está muito satisfeita e tenho em alta conta sua opinião. Mas afastá-lo de nós... quem tem coragem de pôr o guizo no gato? Eu não tenho."*

## 27 de março de 1969

*"José Manoel esteve gripado e durante três dias teve febre de quase 40 graus. Só amanheceu sem febre na quinta-feira. Adorou ficar doente, pois para que eu pudesse controlar sua temperatura dormiu comigo duas noites."*

## 7 de maio de 1969

*"Estou de saída para o sítio para dormir lá com o Nelson, a Mariana e a Maria. Vamos fazer um churrasco para comemorar, atrasado mesmo, o aniversário do José Manoel. Foi muito difícil de combinar, pois eu queria que fosse o maior número possível de colegas, mães, professores e funcionários da escola. Serão ao todo 40 pessoas. O José Manoel vai amanhã de manhã de perua com os colegas. Você pode imaginar o sucesso, né? Ou valorizo esse sítio para o José Manoel ou terá sido tudo inútil."*

# 12 de maio de 1969

*"Reiniciei minha peregrinação para ver se consigo consertar algumas coisas nele – os pés e o céu da boca. O ortopedista da Mariana se ofereceu para me dar uma carta dirigida ao diretor do Serviço de Ortopedia do Hospital do Servidor Público, que é amigo dele, para ver se consigo operar os pés do José Manoel. Talvez nas férias de julho a gente resolva esse assunto.*

*Quanto ao céu da boca, eu já tinha começado a procurar um especialista em fins do ano passado mas, como não gostei do ortodontista, não voltei mais lá. Outro dia encontrei um amigo que me indicou um ortodontista que é 'cobra' em cirurgia de boca. Telefonei para ele e fomos encaminhados para uma clínica especializada em que trabalham vários cirurgiões. Talvez lá eu encontre quem possa nos ajudar. Vou marcar hora amanhã cedo.*

*Quanto à festa de aniversário dele, foi o sucesso que eu estava querendo que fosse. Os professores aproveitaram até para levar os meninos à olaria vizinha para que eles vissem como é feito o tijolo.*

*Eu já tinha deixado pronto o fermento do pão na noite anterior e de manhãzinha 'Seu Zé', o caseiro, acendeu o forno de lenha. Eles chegaram cedo, e eu tinha deixado para amassar o pão quando eles chegassem. Achei que eles gostariam de ver e de participar da feitura do pão. Uma das mães e uma das funcionárias, quando perceberam que o pão ainda ia ser amassado, ficaram numa animação tão grande que tiraram a gamela da minha mão e fizeram o resto. Uma delas aproveitou, se-*

gundo disse, para matar as saudades da mãe e do seu tempo de menina – 'quando o pão era sempre feito em casa'. Contou-nos que sua mãe fazia, com massa de pão, uma pombinha para cada uma das crianças. Que bonitinho, né, Paulo?

Graças a Deus, tudo deu certo: o pão cresceu, o forno estava na temperatura exata e comemos o pão mais gostoso do mundo. Pra você ter uma idéia de como ele ficou bom, sobrou carne mas não sobrou nem um pedacinho de pão (3 quilos de farinha!).

O José Manoel ganhou, entre outros presentes, uns crayons espetaculares, com os quais ele tem feito cada desenho de me deixar boquiaberta. Vou até aplicar testes nele outra vez, pois tenho a impressão de que houve um salto no seu desenvolvimento.

SÍTIO – Ganhei de presente de Dia das Mães uma vaquinha que vai dar cria daqui a um mês. Ela é linda! Tem uma estrela branca na testa e é muito mansinha."

## 23 de junho de 1969

"Depois de passar dois dias inteiros, das 7 horas da manhã até a meia-noite, enfiada na cozinha do Centro de Treinamento do Itaim fazendo salgadinhos para vender na 'Festa do Pinhão', estou aqui na sala secando o cabelo, pois o banho que tomei foi de 'lavar até a alma' para tirar o cheiro da gordura.

Então vou te contar essa minha experiência de cozinheira ombro a ombro com domésticas de nível. Uma das mães é uma negra gorda, aliás, uma mulata meio larga, de meia-idade, qui-

tuteira *que vende salgadinhos na porta da Secretaria das Fi-
nanças, no Ibirapuera. Ainda não perguntei, mas vou esclarecer se é ela que fica em determinados dias naquele portão que
dá para a avenida República do Líbano. Se for, então foi dela
que compramos aquele acarajé delicioso, lembra-se? Ela se chama Ana Madalena e é mãe da Izabel, colega do José Manoel.
Nas reuniões para a organização da festa não fomos com a cara
uma da outra por motivos óbvios – eu achando-a metida a sabi-
chona, e ela achando-me uma madame metida a dar palpites
numa área que era a dela. Bom, dois dias de 'cozinha comunitá-
ria' e ontem à noite ela já estava me tratando por Iva, sem o
dona, muito carinhosamente e respeitando-me como um bom
braço aliado a uma boa cabeça – que ajudou muito a ela, a responsável pela ordem e pelo trabalho de dez mulheres, sendo esse
grupo constituído pelas mães mais simples e pelas funcionárias
da copa, cozinha e vigilantes do CTI. As outras mães e professores estavam cuidando das barracas de vendas e dos jogos.*

*Durante esses dois dias falou-se muito do sítio, pois al-
gumas daquelas mulheres que estavam trabalhando na cozinha tinham estado lá no aniversário do José Manoel; as que
não tinham ido suspiravam pelo próximo. Dona Madalena era
uma delas.*

*Ontem, no fim da noite, na hora de nos despedirmos, ela
disse-me: 'Bom, filha, o dia que você for no sítio vai me buscar...
Eu estou no Ibirapuera todos os dias, mas só posso ir depois das
13 horas'. E eu: 'Amanhã tá bom pra senhora?' Ela ficou branca
de surpresa, e então eu senti que ela humildemente acreditava*

que tudo tinha sido um papo bom para acontecer dentro da cozinha do CTI, mas que da porta pra fora eu nem a reconheceria. Aí está, estou doida para chegar logo a hora do almoço, para deixar os meninos na escola e ir ao Ibirapuera buscar dona Madalena – minha mais recente amiga –, a quem vou mostrar o sítio. Quem sabe ele não acaba se transformando numa colônia agrícola como há na Holanda, você não acha? Nesse dia vou poder morrer sossegada'. Quá! Quá! Quá! Só que eu não quero morrer.

SEGUNDA-FEIRA À NOITE – Fui ao sítio com dona Madalena. Ela adorou o passeio e eu adorei passar a tarde com ela.

Quando fui buscá-la, tive de pedir licença ao guarda para estacionar ali. Ele, que me viu falando com ela, com jeitinho puxou prosa para saber do que se tratava. Eu contei que tanto ela quanto eu temos filhos excepcionais, que eles são colegas e, para encurtar, que íamos tratar de um assunto da escola. No fim fiquei sabendo que ele, o guarda, tem um filho adotivo excepcional. Já dei o endereço da Apae, animei-o bastante etc. E assim terminou para mim a 'Festa do Pinhão' no CTI."

# 29 de setembro de 1969

"JOSÉ MANOEL – Você se lembra daquela vez que o José Manoel pegou o aparelho de barba do Helio e raspou todos os pêlos da cara, inclusive as sobrancelhas? Que ficamos horrorizados com o aspecto dele, pois ele tinha ficado igualzinho ao dr. Smith de Perdidos no espaço? Pois bem, o barbeador a *pilha que você mandou resolveu, pois ele hoje fez barba e bigode! Está todo escalavrado..."*

## 4 de novembro de 1969

*"A Mariana já está comendo na mesa conosco, então os lugares agora são assim:*

|  | Helio | Vovô |  |
|---|---|---|---|
| José Manoel |  |  | Antonio Helio |
| Nelson |  |  | Mariana |
|  | Iva | Marta |  |

*José Manoel senta-se grudado no Helio, é claro! Não há quem consiga que ele ceda o lugar.*

*Estou mais animada com a mudança para a rua Jacurici, pois a escola do José Manoel é ali ao lado, na rua Horácio Lafer, lembra-se? Então ele irá a pé à escola e muito provavelmente sozinho. Será que vai dar certo? Será que esse vai ser o primeiro passo para começarmos a soltar um pouquinho o José Manoel? A expectativa me assusta um pouco."*

## 28 de novembro de 1969

*"Paulo, nós nos mudamos há uma semana, mas ainda não consegui acabar de pôr a casa em ordem. Tem sido um entra-e-sai que você não pode imaginar. De tal maneira tenho estado absorvida com o pessoal que vem para conhecer o aparta-*

mento novo e bater um papinho que o José Manoel hoje trocou de roupa seis vezes! Ele percebeu que tanto a Maria quanto eu estamos assoberbadas de serviço e ainda por cima com gente em casa o dia inteiro, e se aproveitou. Em determinada hora até camisa social e gravata ele entendeu de vestir. Quem estava aqui nessa hora era uma pessoa de relativa cerimônia e ele 'achou por bem' homenageá-la com um traje adequado. Claro que a pessoa achou muita graça e, percebendo o espírito com que a coisa foi feita, sentiu-se até lisonjeada. Mas eu que sei que isso implica não ter uma peça de roupa limpa no armário no fim do dia fico ansiosa para a visita ir embora para tentar dar um basta."

## 2 de dezembro de 1969

"Consegui controlar a trocação de roupa do José Manoel: coloquei tudo que é dele e do Nelson (cujas roupas, por serem mais ou menos do mesmo tamanho, ele também veste) num só armário, tranquei e tirei a chave. Na hora do banho, ou eu ou a Maria tiramos uma muda de roupa para cada um. Que ginástica, né, Paulo? Mas eu estava ficando maluca com esse problema. Ainda bem que encontramos uma solução para esse, porque anda muito difícil resolver os outros. Continuo tendo aquelas enxaquecas que duram dias e de vez em quando fico de um jeito que não posso nem abrir os olhos. Deve ser a maneira que o meu corpo encontra de me proteger, pois se passo dois dias de cama, sem poder nem abrir a cortina por

*causa da luz, quando a dor de cabeça passa eu pareço um ca-*
*narinho em dia de chuva de tão satisfeita. O efeito é duplo –*
*descanso corpo e 'miolo', pois enquanto a dor está instalada*
*não consigo nem pensar nos problemas.*

*Ah! Por falar nos problemas, eles me provam diariamente*
*que a lei do equilíbrio funciona: resolvo um e surge outro.*
*Imagine que a orientadora do CTI – a escola que o José Manoel*
*está freqüentando – nos chamou para dizer que, enquanto dis-*
*cutíamos se deveríamos ou não deixá-lo ir sozinho à escola, ele*
*já tinha ido e voltado quantas vezes quis. Dava desculpas de*
*que estava com dor de barriga e precisava ir para casa, e dali a*
*pouco voltava dizendo que já havia passado. Pessoalmente,*
*acho que são pruridos naturais da liberdade. Ele está experi-*
*mentando as penas das asas, você não acha? Mas não há dú-*
*vida de que isso deixa a gente preocupada.*

*O José Manoel andava enciumadíssimo com as aulas de*
*música de Marta, Mariana e Nelson. A professora de piano*
*das meninas é a Marilena, lembra? Vem às terças-feiras de*
*manhã e às segundas à tardinha vem o professor Gregório,*
*você o conheceu? Ele dá aula de clarineta para o Nelson. Tem*
*sido dose dupla para o José Manoel. Falei com a Marilena e*
*com o professor Gregório e acabamos emprestando um acor-*
*deão de um amigo do Antonio Helio. O professor Gregório*
*disse que, embora ele não vá conseguir nada com a mão es-*
*querda, com a direita vai conseguir tocar um pedacinho, tal-*
*vez quase tudo, de 'Parabéns a você', talvez 'Noite feliz'...*
*Está muito bom! O fato de ele conseguir tirar som do instru-*

*mento já tem sido satisfação suficiente. Ele adora tocar e improvisa o tempo todo. O professor Gregório, que é supergentil, faz uma ginástica e tenta acompanhá-lo ao piano. Vou gravar em fita e mandar para você ouvir. Você vai ver que é até agradável. Isso o distrai e o faz feliz. O resto? Bolas pro resto!"*

## 18 de abril de 1970

*"Ah! Antes que eu me esqueça, fomos a um neurologista indicado pela orientadora do CTI, pois ela achava que devia ser feita uma reavaliação do José Manoel. Você acredita que, terminado o exame, ele vem com uma conversa de que o José Manoel tem um ligeiro atraso etc. etc.? Será que ele pensou que não sabíamos que o José Manoel tem Síndrome de Down? A gente encontra cada tipo!*

*Sabe, Paulo, estou fazendo cursinho e vou prestar vestibular no fim do ano. Estou adorando! De repente descobri que não só o sítio, mas também o cursinho, é um mamão maduro onde eu (assim como o pássaro que você viu) posso me esconder e me deliciar."*

## 4 de maio de 1970

*"Hoje a orientadora do CTI me chamou para fazer a entrega do cheque (você presta muita atenção no pedaço seguin-*

*te!!!) que veio de Londres para o José Manoel, correspondente à venda de um quadro dele que foi selecionado na escola para ir a uma exposição de trabalhos de excepcionais do mundo todo. O cheque é de duas libras esterlinas. Você pode imaginar o entusiasmo do pessoal do CTI e a emoção dos daqui de casa, né? O vovô não resistiu e chorou, o Helio e eu também. Os irmãos arregalaram os olhos, e nota-se hoje uma mudança de atitude em relação ao José Manoel. A Maria não deixou por menos, ficou toda arrepiada. Ele entendeu tudo e está esnobando. Já quer arrancar da parede aquela pintura dele – que tem uma árvore grande, lembra? – dizendo que ela está muito feia, que ele vai fazer uma mais bonita. Foi difícil conseguir que ele a deixasse lá, mesmo que a outra que ele vai fazer seja mais bonita.*

*Pois é, isso tudo vem confirmar minha teoria de que a vida dá na gente um tapa e uma lambida. Dá um tapa, você cai de boca no barro e acha que nunca mais vai conseguir se reerguer. Então a vida devagarinho te agrada, te anima, te põe de pé, e você acredita que dali pra frente não vai mais ter problemas. Pura ilusão! Em seguida um tranco e o círculo se fecha.*

*É isso aí – nada de pessimismo e nada de alienação –, pés na terra."*

# 8 de maio de 1970

*"Você não pode imaginar as conversas entre os meninos e o José Manoel por conta da 'projeção internacional' deste últi-*

*mo. Fomos agora à noite à Feira da Bondade – Nelson, José Manoel, Marta e eu. Na volta o José Manoel (daquele jeito que você sabe que ele fala) dizendo que o quadro dele ia chegar de Londres. E o Nelson: 'Não, Manel, o seu quadro está dependurado na parede da casa do inglês...' E o José Manoel: 'Mas eu quero, uai!' E o Nelson: 'Ah! Mas então você tem que devolver o cheque...' E o José Manoel, que é louco por dinheiro, já enfeza! E por aí vai."*

## 11 de maio de 1970

*"O que ganhei de presente no Dia das Mães? Do Helio a construção da casa nova do sítio. Do Nelson e da Mariana trabalhos feitos na escola. Da Marta, rosas que ela mesma foi comprar com a Sonia e a Thais, e do José Manoel um botão de rosa que ninguém sabe onde ele conseguiu. No domingo de manhã ele desceu dizendo que ia ver futebol no Marítimos (aquele campinho atravessando a rua, lembra?) e logo depois volta com o botão de rosa. Quase morri! E não há quem o faça contar onde foi que conseguiu. Que mistério!"*

## 13 de julho de 1970

*"José Manoel – Graças a Deus, parece que desistiu da Maria Eunice, filha da Inah, por quem estava apaixonado*

*havia anos. Você se lembra daquela vez, há uns três anos, em que fui com ele à casa da Inah num domingo e depois, na segunda-feira, quando fui fazer a cama dele, achei a carteirinha escolar dela aberta na página da fotografia embaixo do travesseiro dele? Telefonei para a Inah, e ela me contou que tinham virado a casa de pernas para o ar atrás dessa caderneta.*

*Outro dia, quando ele recomeçou a falar nela e querer que eu escrevesse seu nome para copiar, contei pra ele que ela está uma moça da altura da tia Gusta, que seria melhor ele pensar numa namorada que combinasse melhor com ele. Ele concordou. Não sei se foi porque não tinha condições de discutir, ou se porque concordou mesmo. Vamos esperar para ver.*

*Ele continua dando um bocado de trabalho. Aqueles mesmos de sempre, que só existem pelas injunções criadas pelo fato de vivermos em sociedade e termos de obrigá-lo a se comportar de acordo com as regras que essa sociedade impõe. Quando isso tudo vai me deixando muito angustiada, eu me lembro que o sítio vai me dar a solução para esse problema e essa idéia serve de 'pau de escora'.*

*Vai junto um desenho que ele fez em Campos do Jordão. Repare na perfeição da pintura e que impressão perfeita de sombra. Como a boca do balão é um detalhe muito importante, foi desenhada de frente. Se a gente se lembrar que a Marta fez uma 'Festa de São João', com 7 anos, e ela é considerada boa desenhista, pode-se ficar satisfeito com essa 'Festa de São João' do José Manoel com 15 anos, você não acha? Ele deve estar aí por perto dos 6 anos de idade mental. Não é ruim."*

## 10 de agosto de 1970

*"Louvado seja Deus! Recomeçou o semestre escolar. Todas as crianças na escola e eu também. Paulo, ir ao cursinho é a melhor higiene mental do mundo!*

*José Manoel só recomeçou hoje, pois a escola estava em reforma. De certa forma ele está bem. Já não dá aquelas preocupações que até há pouco tempo nos deixavam em polvorosa. Eu contei do dia em que ele esteve sumido durante mais ou menos duas horas? Quando já estávamos para chamar a polícia, aparece ele num carro da radiopatrulha dizendo muito lampeiro que tinha 'pedido carona aos guardas'. Graças a Deus, os guardas não entenderam o que ele disse, pois, segundo o relato deles, o José Manoel disse que estava perdido e já fazia uma hora que eles estavam rodando pelo bairro, até que o José Manoel indicou a rua e o prédio onde morava. Nós agradecemos muito e nos despedimos.*

*Quando demos corda ao José Manoel para esclarecer, confirmou-se a impressão que tínhamos tido quando ele falou em 'carona'. Ele disse que queria andar de radiopatrulha e ensinava tudo errado. Quando os guardas disseram que iam levá-lo para o Juizado de Menores, ele rapidamente deu o nome certo da rua e o número onde morava. Ainda bem que* não perceberam a molecagem. Foi desagradável o incidente, mas a gente não pode deixar de reconhecer que foi uma atitude bem dentro da normalidade de um menino entre 6 e 7 anos. Migalha também é pão, né, Paulo?

Em compensação, ando muito preocupada com aquele outro problema. Aquele é bem grave, né, Paulo? Noutro dia a Nelsir esteve aqui e sumiram dois pares de brincos da frasqueira dela. Eu, que estou acordada para esse tipo de incidentes, vou direto ao armário do José Manoel e, de fato, os brincos estavam lá. Não há como ensinar-lhe que ele não deve se apossar das coisas de que gosta. A gente conversa muito com ele, ele diz que foi sem querer e encerra o assunto. Vivo pisando em ovos. Tenho horror de portas trancadas, mas enquanto não conseguirmos resolver esse problema temos de andar com tudo o que é de valor debaixo de chave, pois ele tem uma mobilidade e uma liberdade muito grandes, e eu tenho medo de que ele não fique só no pegar e guardar no próprio armário. Se ele levar pra rua, pode até se expor a uma agressão se alguém quiser tirar dele o objeto e ele não quiser entregar porque é bonito e ele queira conservá-lo.

O que é que se vai fazer? Esperar que ele amadureça, né?

Por outro lado, ele está todo metido a rapazinho. Quando o Helio acende um cigarro ele pega um também, mas é só pose. E você precisa ver que pose! Quando o Helio desce para comprar cigarro ele vai junto; e cada vez é uma marca diferente, pois ele escolhe aquele que tem a carteira mais bonita.

*E assim vamos, entre uma atitude mais madura e outra infantil, esperando que o tempo faça seu trabalho bem-feito."*

## 1º de setembro de 1970

*"Esta noite foi 'fogo na roupa'. Começou com o José Manoel vindo para nossa cama porque estava com 'dor de barriga...', dali a pouco vem a Mariana porque... 'Hum... bom, porque...', e não encontra um bom motivo, mas não quer voltar pra cama dela. O Helio bem ou mal consegue dormir, mas eu perco o sono e, como a noite é má conselheira, começo a pensar nas coisas não resolvidas e fica tudo muito ruim."*

## 6 de setembro de 1970

*"Sabe, Paulo, andei 'ruim nos trapos' com mil dúvidas sobre mil coisas, com uma diversificação tão grande de problemas, aflições, 'sem saberes' que sei lá! Não gosto de ficar colocando minha angústia para você porque, pelo tempo que a carta leva para chegar, provavelmente quando você estiver lendo sobre o 'drama' ele já estará resolvido. Mas, se nas entrelinhas você perceber que não estou bem, não vai adiantar muito eu querer continuar disfarçando. Mas sabe, Paulo, os problemas são aquilo mesmo que você sabe. Eu é que sou de uma sensibilidade que não me permite de vez*

em quando dar de ombros e deixar o tempo passar. Quero vê-los todos resolvidos já! Não dá, né?

De vez em quando tenho a perfeita impressão de que minha vida é aquele jogo de cartas que o vovô pratica muito e que se chama 'paciência' com toda razão, pois se você tiver pressa perde sempre.

E na 'paciência' da minha vida de vez em quando os ases estão todos de bruços lá em cima e eu não consigo sequer vislumbrar a possibilidade de livrar um naipe para me estimular a continuar tentando. Daí eu fico feito um ganso louco me batendo para todo lado, me ferindo e ferindo todo mundo que está por perto.

Então vem uma daquelas enxaquecas de derrubar, que funciona como válvula. Acho que é a mão de Deus 'roubando' pra mim no jogo de 'paciência'. Ele me colocando a nocaute uns três dias já dá tempo ao tempo, e quando consigo de novo abrir os olhos vejo uma coisinha ou outra que estava fora de foco para mim e que, desde que eu a enxergue, talvez me leve a um dos ases presos lá em cima."

## 15 de setembro de 1970

"José Manoel na mesma. Outro dia, pela primeira vez na vida, 'perdi as estribeiras' e dei um safanão nele. Mas com tanta raiva que quase morri de remorso depois. Tenho de protegê-lo de mim.

Converso muito com a Belinha, lembra-se dela? O filho dela, o André, está em Betim e, segundo ela, tem sido muito bom para *ele. Além do mais, como ela tem de trabalhar fora tempo integral, é impossível mantê-lo em casa.*

*Ela sempre fala desse internato e sempre reagi muito à idéia de me 'descartar' do José Manoel. É assim que encaro o fato no meu caso. Não preciso trabalhar fora e além do mais tenho a Maria.*

*Mas, Paulo, a situação com o José Manoel está insustentável e estou ficando maluca com ele. Assim, o Helio e eu conversamos muito e decidimos que ele vai para Betim ainda este ano. Não dá para esperar até fevereiro do ano que vem."*

## A dor da ausência

Sobre o que aconteceu em relação à ida do José Manoel para Betim eu não escrevi para o Paulo, foi drama demais para ser colocado em cartas e levar a tristeza tão longe!

O Helio e eu fomos juntos levá-lo e nesse dia tivemos várias entrevistas com a dona Esther, dona Bruna, dona Eunice... Visitamos toda a escola, a casa, ficamos conhecendo o pessoal que ia cuidar do meu filho. Mas toda aquela demonstração de eficiência não me tranqüilizava. Eu não me perdoava porque sabia que, no fundo, o que ia fazer era livrar-me dele com todas as letras. Se seria bom para ele eu nem me detinha para analisar. Incomodava muito a certeza que eu tinha de que seria muito bom para mim. E a partir desse mal-estar nasciam outras culpas, tais como o fato de os irmãos também acharem melhor a vida sem ele e recebê-lo mal quando ele viesse nas férias, de fechar-se o círculo familiar e de não haver mais lugar para ele. E por aí afora.

Não foi nada fácil deixá-lo considerando-se, principalmente, que ele não queria ficar. O pessoal da escola teve de usar de todos os recursos de que dispunha para que ele concordasse em ficar e nos deixasse ir embora. Só sei que o fizeram despedir-se de nós e levaram-no para alguma atividade bem gostosa. Mas o Helio e eu terminamos as entrevistas em prantos.

Nem voltamos para a casa do Carlos e da Nelsir. Fomos direto para o aeroporto e tomamos o primeiro avião para São Paulo. Calados, sem nada para dizer um ao outro... Da minha parte, um mal-estar enorme e a terrível sensação de ter enterrado meu filho. Que horror! Eu tinha a impressão de que aquela separação era total e irreversível.

Fiquei de cama, completamente aniquilada pelo remorso e pela dor. A carinha dele não me saía da lembrança e eu não tinha paz.

O que o pessoal da escola teve de paciência comigo precisa ser registrado. Eu escrevia à Bruna; telefonava perguntando dele, queria falar com a Maria Antonia, que era a vigilante do dormitório dele, pedia pra ela me falar dele, me contar o que ele tinha comido, se ele não estava muito triste... A Maria Antonia – que amor! – contava gracinhas dele exatamente nos termos em que eu queria ouvir. Precisamos ficar três meses sem vê-lo, respeitando o tempo normal de adaptação, e durante todo esse período vivemos desses telefonemas.

E das notícias que a Belinha trazia quando ia visitar o André, sempre dizendo que ele estava muito bem. Aos poucos fomos nos tranqüilizando e no dia 20 de dezembro embarcamos para Belo Horizonte. Íamos buscá-lo para as férias.

Fazia parte do encerramento do ano letivo um dia inteiro de estudo, de palestras para os pais, em outra escola em Belo Horizonte. Só no fim da tarde é que poderíamos ir a Betim buscar o José Manoel. Bom, o Helio e eu tivemos de fazer um grande esforço para nos concentrarmos. A saudade do José Manoel, somada à curiosidade de como iríamos encontrá-lo, tomava conta de nós.

Quando chegamos lá e pudemos abraçá-lo e beijá-lo, foi tão bom, mas tão bom que eu percebi que, por maior que fosse meu sentimento de culpa por tê-lo "abandonado", o saldo ainda tinha sido positivo.

Viemos para casa com ele e, com o passar dos dias, vi que ele continuava o mesmo, é claro! Não tinha havido tempo para mudanças, mas *eu* estava muito diferente. Por maior que tivesse sido a culpa, a dor, a saudade, eu tinha descansado e estava com a maior boa vontade do mundo. Tranqüilizou-me ver que o lugar dele continuava existindo e que os meninos, tanto quanto eu, estavam de muito boa vontade com ele.

Passada a primeira metade das férias, já começamos a falar na volta. De novo aquele sentimento de culpa. O que fazer para compensá-lo? Ou aliviar-nos? A segunda hipótese seria a mais viável.

Como ele vivia dizendo que ia passar as férias no Rio de Janeiro – vive dizendo isso até hoje, ele adora ir para o Rio –, fomos o Helio, eu, ele, o Antonio Helio e a Ignez, que nessa época já namorava o Antonio Helio, passar o carnaval no Rio. Programa completo, desde praia, desfile de escolas de samba, tudo o que pudesse dar a ele tanto prazer que nos desculpasse diante de nós mesmos. E, no fim de fevereiro, a volta para Betim. Dessa vez o Helio já não foi e nunca mais foi visitá-lo no primeiro domingo de cada mês, como era permitido. Ele dizia que era tão duro deixar o José Manoel lá que ele preferia não ir vê-lo. Só ia no fim do semestre, quando íamos buscá-lo para as férias.

De novo a Nelsir na minha vida, dando-me aquela mão! Todo primeiro domingo do mês eu ia para Belo Horizonte e passava o fim de semana na casa deles com o José Manoel. Cercados, o José Manoel e eu, do maior carinho, não só do Carlos, da Nelsir, dos meninos... mas também dos empregados deles e dos amigos que freqüentavam sua casa.

Até o ortodontista, dr. Gribel, que cuidava da correção dos dentes da Cláudia, filha da Nelsir, lutou mais de um ano tentando modificar a arcada dentária do José Manoel, como desejávamos. No fim de quase dois anos ele me chamou e disse que não adiantava continuar tentando, pois os resultados não correspondiam àquilo que tinha sido programado – um músculo que se procurava atingir não reagia, outro que não podia se mexer saía do lugar. Assim, era inútil continuar tentando.

## José Manoel conquista mais um amigo

Mas eu não dava trégua ao meu propósito de consertar tudo que me fosse possível. Tive de desistir de consertar o céu da boca, então vamos tentar outro detalhe. Já falei numa hérnia umbilical que ele tinha, não falei? Era assim uma bolinha dependurada para fora, em vez de um buraquinho, como é o umbigo de todo mundo.

Um dia, de volta das férias na praia, eu disse ao Helio da minha intenção de fazer uma cirurgia plástica no umbigo do José Manoel, que pelo fato de ser diferente chamava a atenção quando ele estava de calção de banho.

O Helio desaprovou totalmente, baseado em argumentos válidos: a hérnia era mínima, não representando perigo algum, e iríamos submeter o José Manoel a uma anestesia geral sem a menor necessidade. Além do mais, o Helio achava particularmente que esse umbigo diferente não incomodava o José Manoel. Mas insisti no meu ponto de vista e assumi a responsabilidade pelo que pudesse acontecer. Telefonei ao Nelson, meu cunhado, e pedi-lhe que indicasse um cirurgião. Ele deu o nome do dr. Geraldo Modesto Medeiros, e lá fui eu bater em sua porta. Ele foi gentilíssimo e muito compreensivo. Percebi claramente que necessidade de operar a hérnia propriamente dita não havia, mas ele entendeu a minha vontade e me deu uma força.

O José Manoel foi operado e veio para casa com um curativo que cobria toda a região do umbigo. Uns dias depois voltamos lá para tirar os pontos. Quando o dr. Modesto deu o trabalho por terminado, o José Manoel, apoiado nos cotovelos, levantou meio corpo e olhou para a própria barriga. A reação dele não deixou dúvidas em ninguém. Arregalou os olhos e gritou: "Meu umbigo novo!" Abraçou, beijou o médico, dava tapinhas nas costas dele e dizia: "Obrigado, doutor", "Obrigado, doutor". O médico, apanhado de surpresa, comoveu-se a ponto de ficar com os olhos cheios de lágrimas.

Será que o dr. Modesto lembra-se da gente? Parece que sim. Outro dia telefonei para seu consultório, queria confirmar a data da cirurgia – foi em agosto de 1972 e o José Manoel tinha 17 anos. Quem atendeu foi sua esposa, que satisfez minha curiosidade garantindo que ele se lembraria sim e ficaria muito contente quando ela lhe contasse do meu telefonema. Fiquei sem coragem de procurá-lo pessoalmente, mas pedi a ela que lhe contasse sobre a importância de sua intervenção na vida do José Manoel, na nossa vida. Foi outro dos meus Cireneus...

## A descoberta

Bom, como já disse, o período do José Manoel em Betim foi de quatro anos. Durante esse tempo até uma faculdade eu fiz para me ajudar a suportar o peso da saudade e da culpa. Meus professores e meus colegas tiveram comigo a mais santa paciência. O que eu contava de histórias dos meus filhos... A fossa de que eles me ajudavam a sair cada vez que eu vinha de um fim de semana com o José Manoel... Foram criaturas abençoadas que me ajudaram tanto que eu nunca vou esquecer.

Do lado de lá dona Esther, Bruna, Maria Antonia, com a maior paciência do mundo, recebendo meus telefonemas, apoiando-me, reforçando-me, animando-me cada vez que eu queria desistir e trazê-lo de volta. De cá, a Belinha dando a maior força.

Lá ele aprendeu a ler e a nadar. Duas coisas que são fundamentais na vida do José Manoel hoje. O fato de saber ler permite a ele ser uma pessoa informada, quando mais não seja sobre turfe e futebol, dois dos seus maiores interesses. Mas ele não fica só nisso. Freqüentemente nos surpreendemos com o fato de ele ser ligadíssimo ao que acontece no mundo. Outro dia eu ouvi na TV a chamada de uma reportagem que seria levada ao ar depois da novela das 8 e, como terminada a novela ele desliga a televisão e vai para seu quarto ouvir música, só voltando mais tarde se o programa interessar, eu recomendei: "José Manoel, não desligue a televisão depois da novela porque vão levar ao ar um programa que eu quero ver". E ele: "Ah, eu sei, é sobre a guerra do Irã e do Iraque".

Olhei para o Helio, que sorria divertido com a minha surpresa. E é assim sempre. A toda hora um fato que me gratifica de todos os sacrifícios feitos. Cada vez que eu ia passar o fim de semana com ele, na hora de voltar para a escola ele enroscava seu braço no meu, deitava a cabeça no meu ombro e me pedia mansinho: "Mamãe, pega as minhas coisas, me leva com você... Eu estou com uma saudade da nossa casa..." E eu, em parte porque era bom para ele, mas em parte porque era bom para mim também, levava-o sempre de volta. O que doía é que ele só pedia até certo trecho do caminho. A impressão que me dava é de que havia um momento em que ele sentia a inutilidade de continuar pedindo. Eu o deixava lá e voltava para casa doente. Doente de culpa. A culpa era tanta que eu nem aproveitava a tranqüilidade da vida sem o José Manoel.

## O fim da separação

Fui levando como podia aquela ausência do José Manoel, sofrendo horrores, até que um dia, em outubro também – não sei o que há com o mês de outubro –, fui para visitá-lo, mas, quando cheguei lá, senti que daquela vez não o levaria de volta. Já cheguei em prantos pedindo à Bruna que mandasse alguém colocar as coisas dele na mala porque eu ia levá-lo embora.

A Bruna ainda tentou demover-me da idéia, mas acho que nem Deus, descendo do céu, me faria sair dali sem o José Manoel. Aquele sentimento tinha explodido como um berro! De repente eu senti que ficar longe dele não tinha mais nenhuma razão de ser. Eu queria meu filho comigo e tive certeza naquele momento de que tinha superado totalmente minha fase de rejeição. Soube naquela hora que nunca mais perderia a paciência com ele e nunca mais ia lamentar o fato de ele ter nascido. Foi como se eu tivesse estado numa noite negra de tempestade e horror e, para meu alívio, um dia lavado de sol, numa explosão de luz, tivesse nascido.

De lá para cá minha relação com o José Manoel mudou completamente. Tive necessidade de sentir a dor daqueles quatro anos de separação para descobrir que o amava e o queria, embora ele fosse intelectualmente infradotado. Intelectualmente apenas, pois afetiva e socialmente ele é uma das criaturas mais perfeitas que já conheci.

Pensar que um dia tive vergonha de sair com ele! Hoje tenho é um orgulho enorme. Ele é bonito, simpático, adora andar bem vestido e é de uma gentileza e de um cavalheirismo que chego a me sentir a mãe mais orgulhosa do mundo.

Um dia fomos atravessar uma rua e instintivamente estendi minha mão para pegar a dele quando percebi que ele segurava meu cotovelo numa clara atitude de proteção. E, como essa, são freqüentes as atitudes dele de carinho, de cavalheirismo, de proteção para comigo.

Muitas vezes ele vai ao Jockey com o Helio à noite e, por mais que eu tenha a intenção de esperá-los acordada, deito-me para ler ou ver televisão e acabo dormindo. Quando eles chegam, já tarde da noite, eu, que tenho o sono muito leve, acordo e com preguiça de me levantar peço ao Helio: "Ah, Helio, me traz um copo d'água... mas bem gelada!

Com duas pedras de gelo!" E o José Manoel, que vem vindo atrás para me dar um beijinho, já assistiu a toda essa cena uma porção de vezes. Uma noite dessas o Helio foi ao Jockey mas ele ficou. Como ele não gosta de ver televisão com outros por perto, para poder rodar o seletor de canais quando bem entender sem ninguém reclamar, deixo-o vendo televisão na sala e vou para meu quarto. A Mariana, que levanta muito cedo, também já tinha ido dormir. Deixo a porta do quarto aberta e de lá ouço os movimentos dele – vai para o quarto ouvir música, vai para a cozinha buscar um refrigerante, volta para a televisão se há alguma coisa que o interesse... Só sei que acabei dormindo, como sempre, e a televisão do meu quarto ficou falando sozinha. De repente acordei com o silêncio, abri os olhos, dei com a carinha do José Manoel na porta e perguntei: "Oi, José, foi você quem desligou a TV?" E ele, carinhoso: "Foi sim, mamãe, e a água gelada está aí". Na minha mesinha de cabeceira um copo de água com duas pedras de gelo.

Histórias como essas eu poderia contar dezenas, mas acho que não há necessidade. Deu pra você sentir que hoje a situação é completamente diferente daquela descrita até o período passado em Betim, não deu?

## E A VIDA CONTINUA...

Já estamos há quatro anos no sítio e só o José Manoel e a Mariana ainda moram conosco – o Antonio Helio e a Marta se casaram e o Nelson mora em São Paulo. E é o José Manoel quem faz a nossa casa viva, alegre, cheia de som. A Mariana tem um temperamento mais sossegado e não faz muito movimento. Mas o José Manoel agita tanto que compensa a ausência dos outros. Ele tem um bom humor a toda prova e uma alegria de viver que não nos deixa a menor dúvida – ele é feliz.

Ao lado da nossa casa moram "os Lima" – a Pá, o Moa e os três filhos: o Renato, com 14 anos, o Fernando com 11, e a Marília com 8. É um "trança-trança" permanente e, embora o Helio e eu já não tenhamos muita paciência com criança, damos graças a Deus pelo movimento que esses meninos fazem na nossa casa, em volta do José Manoel. Movimento que aumenta nos fins de semana, quando chegam nossos netos – Marina, de 6 anos, e Guilherme, de 4. Há ainda os que enfeitam as férias, os filhos da Gusta – Miltinho, de 11 anos, João Augusto, de 7, e José Otávio, de 5. E, de vez em quando, um ou outro filho de amigos nossos ou de amigos dos nossos amigos. Como o sítio é um lugar muito gostoso, não falta quem queira vir, e o José Manoel se beneficia muito do alegre alvoroço das crianças. Elas vão crescendo e chega o dia em que se desprendem dele e continuam a viver a própria vida. Mas, graças a Deus, há sempre crianças nascendo e se aproximando dele para acompanhá-lo por algum tempo.

Quando, há quatro anos, nos decidimos a fazer a experiência de morar aqui no sítio, partimos do princípio de que isso só seria possível se outra família viesse também. Sentimos que se viéssemos sozinhos a experiência já estaria fadada a não dar certo. Convidamos, entre nossos parentes mais próximos, uma porção de gente, mas ninguém – por este ou aquele motivo – aceitou. Porém, minha irmã e meu cunhado se animaram com a idéia e viemos passar três meses de férias para ver como seria. Foi o céu, então ficamos.

Dividimos o encargo de levar e buscar as crianças na escola e eu tive com quem dividir o encargo da minha solidão. É impressionante como chegou cedo na minha vida a "terceira fase", em que os filhos entram "cada um na sua", e o papel da mãe perde o sentido. A Mariana sempre foi uma criança que me solicitou muito pouco e o José Manoel já não me dava trabalho. Além do mais, como seus interesses de lazer são afins com os do Helio, a partir de certa idade ele está muito mais por sua conta. Ou por conta do Helio indo ao Jockey ou vendo TV, ou ouvindo música, ou, de vez em quando, indo ao futebol. Isso muito raramente, já que, se joga o Corinthians os Lima não querem ir porque são palmeirenses e, se joga o Palmeiras, quem sequer liga o rádio é o José Manoel. Para futebol o Helio é meio preguiçoso, então o José Manoel depende da disposição dos outros corintianos, o Antonio Helio e o Tião, este um rapazinho supersimpático que antes só cuidava do sítio mas aprendeu a dirigir e hoje, além de levar as crianças para a escola, leva também o José Manoel ao futebol.

Outro dia o Dimas, um amigo do Moa, comentou divertidíssimo que estava no estádio quando vê o Tião, que é negro, toda sua "patota" – todos negros, claro! – e no meio deles, feliz da vida, o José Manoel. É isso aí, gente simples não tem grilo. O Tião sai com o José Manoel "numa boa", sem o menor constrangimento.

## As aventuras do José Manoel

É engraçado o que pinta de estranhos na nossa vida nos dando uma boa mão. Há alguns anos, um rapaz chamado Toninho – Antonio Vergílio Zaniboni, técnico em AVD do Centro de Treinamento do Itaim – nos telefonou dizendo que estava querendo fazer uma experiência de lazer para excepcionais adolescentes e adultos e queria que o José Manoel participasse. Ele se propunha levar uns cinco ou seis, no máximo dez rapazes para uma viagem nas férias. Seriam poucos dias, eles ficariam em hotel para não complicar e, dependendo do número de participantes, iriam de ônibus ou no carro do próprio Toninho.

Em princípio achei a idéia maravilhosa, mas disse ao Toninho que falasse com o José Manoel, pois eu tinha dúvidas de que ele se animasse. Já tinha acontecido um fato que me permitia duvidar: no ano anterior o José Manoel havia sido convidado para participar de uma olimpíada em Taubaté. Foi uma animação geral na família! Quinze dias antes a mala começou a ser feita. Toda a roupa dele superarrumada e, por medida de precaução, peça por peça marcada com as iniciais dele. Na véspera da viagem o José Manoel chega da escola indisposto e à noite tem um febrão de pular na cama e delirar. No delírio ele dizia coisas que nos deram a indicação de alguns elementos dessa reação: "A minha perna está doendo..."; "Eu não vou conseguir, eles vão ganhar de mim..." E por aí afora.

Claro que no dia seguinte telefonamos avisando que ele não iria. Devagarinho, conversando com ele e com uns e outros, chegamos à conclusão de que tinham sido dois os fatores responsáveis por essa reação: o excesso de expectativa em torno de um possível sucesso, coisas do tipo "Olhe lá, José, traz uma taça bem bonita!", e a roupa marcada na mala que repetiu uma situação anterior: ir para Betim e ficar longe de casa.

Quando comentei isso tudo com o Toninho, ele sugeriu que a roupa não fosse marcada – eles levariam roupa suficiente para não ter de ser lavada lá, o que evitaria confusão e possível perda de roupa. Fizemos assim e deu tudo certo.

Eles têm ido para vários lugares e nas últimas férias foram para Campos do Jordão. Dessa vez até fotografias o Toninho tirou deles como recordação da viagem.

Um dia, conversando sobre os passeios que eles tinham feito, o José Manoel vira-se e diz: "Mamãe, sabe quem eu encontrei lá? A dona Gunda. Ela olhou na minha cara e não me conheceu. Eu falei pra ela: 'Eu sou filho da Iva', então ela me deu um abraço apertado e gostou de me ver e mandou um abraço pra você".

Deus do Céu! Esse José Manoel é o rei da sociabilidade! Sabe quanto tempo faz que ele teve contato com a Gunda? Uns dez anos ou mais. Ela leva grupos de crianças para passar férias numa colônia que ela tem em Campos do Jordão e, nessa época, não sei se ainda hoje, ela levava com o grupo um excepcional de um nível que não precisasse de cuidados muito especiais, que se misturasse aos mais novinhos da turma. E numa dessas vezes o José Manoel foi com ela. É incrível como ele não se esquece de uma pessoa que conheça, por mais tempo que passe sem vê-la outra vez.

Quanto à Gunda, tenho tentado restabelecer contato com ela depois desse fato, mas ainda não consegui. Fica aqui meu carinho por ela também.

## O dentista: mais um susto!

É tanta coisa! É tanta gente! Quando eu penso que já contei tudo, me lembro de mais um acontecimento.

Outro dia fui buscar o José Manoel na escola e, como tivesse hora marcada no dentista às 17h30, levei-o comigo. Meu dentista tem consultório na avenida Nove de Julho. Subimos e, quando entrei para ser atendida, pedi ao dr. Marcelo para deixar aberta a porta que liga a sala de espera ao *hall* de distribuição dos vários consultórios, para que o José Manoel tivesse a liberdade de circular e me sentir por perto. Em determinado momento ele entrou; ficou olhando um pouco o dr. Marcelo trabalhar na minha boca aberta e saiu de novo.

Depois de ser atendida, saí para a sala de espera e não o vi. Perguntei por ele e ninguém sabia ao certo, mas parecia que ele tinha descido. Tomei o elevador e já fui descrevendo-o para o ascensorista, que não se lembrava de tê-lo visto. O porteiro do prédio não tinha certeza, mas achava tê-lo visto sair para a rua. Minha aflição crescia e eu sem saber o que poderia ter acontecido. Desnorteada, dei a volta no quarteirão só para não ficar parada, pois não tinha a menor idéia de por onde começar a procurá-lo. A enfermeira do dr. Marcelo, a Bel, apareceu e passou a procurar também.

Meio doida, tomo um táxi achando que a pé eu não conseguiria muito. Mas já passava das 18 horas e, com o trânsito pesado ali naquele trecho, o táxi não andava. Expliquei ao motorista o que estava acontecendo e descrevi o José Manoel para que ele me ajudasse a encontrá-lo. De repente, vejo a enfermeira vindo pela Nove de Julho com o José Manoel. Desço do táxi em prantos, abraço, beijo e, aflita, quero saber onde ele estava. E ele: "Que é isso, mãe, não chore no meio da rua! Eu fui tomar um lanche..." E eu, doida: "Mas, José, por que você não me avisou?!" E ele: "Ô, mãe, você estava com a boca aberta!" Eu ria e chorava.

Realmente ele tinha tido a intenção de me avisar, mas como eu estava de boca aberta...

Passada a afobação, lembrei-me do motorista de táxi que, encostado no meio-fio, assistia à cena. Abrindo a bolsa, pergunto: "Quanto é moço?" "Nada não, tia, eu só queria ficar vendo a senhora encontrar o menino".

## A coragem para continuar

E assim é. Os personagens continuam vivos e os fatos se sucedendo. Outro dia a amiguinha da Marília, aquela que chorou de medo do José Manoel, esteve aqui de novo. E, dessa vez, comportou-se com uma naturalidade que me surpreendeu. Quando sua mãe veio buscá-la, à tardinha, consegui falar com ela longe da menina, coisa que não tinha sido possível da primeira vez. Perguntei-lhe qual tinha sido o motivo de uma mudança tão evidente e ela me contou que havia tido com a garota uma conversa assim... assim... assim... e repetiu a explicação que costumo dar quase com as mesmas palavras.

Eu me senti tão bem!... Tive a agradável sensação de mãos estendidas querendo ajudar-me.

Se eu tivesse tido coragem de ir conversar com aquela moça da praia, tudo isso eu teria dito a ela – eu fui tão ajudada, sabe? Posso ajudar você?

# Posfácio à nova edição

O José Manoel passou muito tempo, anos mesmo, não querendo freqüentar grupos de pessoas com necessidades especiais. Essa atitude é fruto de como ele foi tratado por nós durante a vida toda. O médico neuropediatra, dr. Lefèvre, que foi a nossa primeira e mais importante referência, não deixou margem para discussões quando nos orientou a tratá-lo como se ele fosse igual aos outros. Em conseqüência dessa nossa atitude, eu não sei bem se ele não se percebe diferente ou se fica mais fácil, para ele, fazer de conta. O fato é que ele não só não se vê fazendo parte desse grupo como também desenvolveu um preconceito em relação aos outros excepcionais.

A orientação atualmente é diferente. Pude perceber isso outro dia, quando tive contato com um casal e a filha, jovem adulta, portadora de Síndrome de Down. A mãe, muito orgulhosa, contou que a filha é artista plástica, que já expôs seus quadros e, além disso, dança balé. Em seguida, justificou, na frente da garota: "Ela não vai ser uma primeira bailarina porque é portadora de uma síndrome e isso representa certas limitações, mas, dentro do possível, ela dança muito bem!" Ao lado da mãe a garota assentia tranqüilamente com a cabeça. Essa cena me deu a medida de como o fato é comentado pelos pais e aceito pela garota com toda a naturalidade.

Fico imaginando que a nossa vida teria sido mais fácil e o José Manoel talvez tivesse sofrido menos nesses últimos anos em que insistimos para que ele freqüentasse um grupo especial. Ele sempre se negou e ficou ainda mais isolado.

Mas há pouco tempo a situação se modificou inteiramente. Você se lembra da Ilo? Lembra que o José Manoel, quando menino, freqüentou a escola dela que, naquela época, era na Granja Julieta? Durante esses anos a escola mudou de lugar, mas ficou sempre aqui pelo bairro. Mudou também de natureza: antigamente atendia crianças, oferecendo ensino, e adolescentes, propiciando trabalhos de oficina protegida. Hoje é uma oficina protegida de trabalho, chama-se Alternativa e fica na rua Joaquim Nabuco, no Brooklin.

Quando eu quis citar a Ilo no livro, fui procurá-la para saber se ela concordava com o que eu queria contar sobre ela. A partir daí reatamos a relação e nos tornamos boas amigas. Logo depois fiz faculdade de Psicologia e foi aí que eu fiz meu estágio para a cadeira de Psicologia do Excepcional. Foi então que eu me aproximei muito da Luiza, da Sônia, da Lourdes, da Ana Maria (psicólogas), da Cida (secretária) e do Francisco (chefe da marcenaria).

Tenho tido, nesses últimos anos, um bom contato com esse grupo, embora todas as tentativas de levar o José Manoel a freqüentar a oficina tenham sido inúteis.

Em maio de 2003 eles organizaram um bazar aproveitando a proximidade do Dia das Mães e convidaram o Nelson, irmão do José Manoel, que é artista plástico, para participar vendendo o seu trabalho – que por sinal é muito bonito. Foram dois dias em que os amigos e a família, inclusive o José Manoel, circularam por lá. Um ano depois eles me pediram para vender comida congelada, que é o meu *hobby*, ou melhor, a minha "higiene mental". Durante os dois dias em que durou o bazar aquele movimento todo se repetiu, com grande participação do José Manoel. Ele deu asas à sua sociabilidade e divertiu-se muito.

E o pessoal da oficina, muito "antenado", não perdia nenhuma oportunidade de conversar com ele sobre as vantagens de se ocupar, de fazer um trabalho bonito, de qualidade e que, além do mais, rendia dinheiro.

Qual foi a elaboração eu não sei, só posso supor. Tenho a impressão de que na cabeça dele funcionou assim: se foi bom para o Nelson e bom para a minha mãe, pode ser que seja bom para mim. Vou experimentar. Então ele parou de resistir e deu uma chance à equipe da Alternativa: já está lá há seis meses. Veste-se com cuidado, faz a barba todos os dias, está muito orgulhoso do seu trabalho e usufrui muito do contato com as pessoas. Vai todos os dias, das 12 às 17 horas. Às sextas-feiras há uma reunião do grupo para uma avaliação e uma auto-avaliação. Nessa reunião os artesãos, que é como eles são chamados, recebem uma participação do produto da venda dos objetos confeccionados. Na primeira sexta-feira, quando ele chegou todo orgulhoso me mostrando o dinheiro recebido, eu exclamei: "Oba! Vamos comemorar! Vamos comer uma pizza!" E ele, rapidamente: "Nada disso! Vou pôr na poupança". E assim, toda segunda-feira de manhã, lá vai ele com o Helio ao banco depositar o fruto material do seu trabalho. Do fruto moral e afetivo desse trabalho todos nós usufruímos.

E quando a gente pensa que o José Manoel já aprendeu tudo, que se esgotaram as possibilidades, ele nos surpreende.

Outro dia, em que eu tive consulta no Incor e não íamos conseguir chegar a tempo de levá-lo para a oficina, telefonamos para a Ciça, nossa empregada, e ela o levou de ônibus. Ele percebeu que era muito fácil e comentou depois: "É uma linha reta. É uma linha reta". Dali a pouco veio com a novidade: "Quero ir de ônibus sozinho". O Helio e eu ficamos com o coração na mão, mas tanto ele insistiu que acabamos concordando. O Helio levou-o até o ponto, esperou que ele tomasse o ônibus e, sem que ele percebesse, de carro, seguiu o ônibus. De longe ele viu o José Manoel descer e cuidadosamente ir até a faixa de pedestres, aguardar o sinal verde, atravessar a avenida Vereador José Diniz e subir a pé dois quarteirões pela rua Joaquim Nabuco até a oficina.

Eu não estava em casa quando tudo isso aconteceu. Quando ele me encontrou à tarde, me contou com tanta emoção o que havia acontecido que era como se ele estivesse me contando que tinha ganhado uma medalha de ouro nas Olimpíadas. E foi assim que eu recebi a notícia.

Procuramos viver um dia de cada vez, mas nem sempre conseguimos. Freqüentemente nos assalta a preocupação de como será quando nós morrermos. Os nossos outros filhos dizem que cuidarão dele, mas quem garante que terão condição de fazê-lo? Nós sabemos bem como é complicado, como altera toda a dinâmica familiar. Considerando, inclusive, o fato de que eles sempre sentiram que receberam de nós muito menos do que o José Manoel. E quem garante que não? Que os irmãos tivessem pelo menos uma opção. Nós e todos os outros pais idosos gostaríamos de ter a tranqüilidade de saber que haveria lugares para recebê-los quando nós já não pudéssemos cuidar deles. Que os irmãos ficassem com eles por escolha e não por ser a única opção.

Sei que já há alguns lugares que estão estruturados para receber adultos e idosos com necessidades especiais, mas tais estabelecimentos são poucos e altamente dispendiosos.

Deixo aqui um apelo àqueles que têm condições de responder a esse desafio: criem lugares para receber nossos velhos para que possamos morrer em paz. Sobre esse assunto, recomendo a leitura da tradução do livro *Une saison de plus* [Uma etapa a mais], de Nancy Breitenbach, feita por Ruth da Silva Telles, com o nome de *O envelhecimento silencioso*. Ele pode ser encomendado no Sítio do Arco-Íris, pelo telefone (19) 3541-0264, com Katia.

Neste ano de 2005, o José Manoel está fazendo 50 anos. É feliz e nunca se aborrece. Está sempre descobrindo um interesse novo.

Torce pelo Corinthians com tanta paixão que, quando seu time perde, não lê o jornal durante toda a semana seguinte. Não quer saber de críticas aos seus ídolos.

Adora as novelas da Globo. Não perde uma. Se algum parente ou amigo se casa em dia da semana, não pode contar com ele; a novela é prioridade absoluta. Não troca a novela nem pelo jogo do Corinthians.

Curte música, de MPB a Frank Sinatra, passando por música clássica. Mas sua grande paixão é mesmo o Roberto Carlos, de quem tem todos os discos.

Adora o Rio de Janeiro e uma vez por ano passa quinze dias na casa da Marta, sua irmã. Sempre sai daqui dizendo que dessa vez irá morar lá, que mandemos toda sua roupa e o dinheiro da sua poupança. Mas, passadas duas, no máximo três semanas, diz para Marta: "A mamãe está com muita saudade de mim. Eu preciso ir embora".

De uns tempos para cá, não sei de onde, ele descobriu a música portuguesa. Descobriu que, aos domingos pela manhã, há na rádio Imprensa um programa de duas horas que ele houve enlevado. Estamos combinando para, um dia, irmos conhecer Portugal.

E assim vamos vivendo, nós três, o Helio, o José Manoel e eu, aproveitando ao máximo essa convivência muito gostosa até quando Deus quiser.

# PS para os irmãos

Escrevi o capítulo seguinte, quase como uma historinha avulsa, para irmãos de crianças excepcionais. É que freqüentemente eles ficam ressentidos porque o irmão "diferente" absorve a atenção dos pais e familiares. Estimulando a sensibilidade e a justiça no amor, este texto pode servir como um guia para intermediar o diálogo entre adultos e crianças.

Estas palavras são dedicadas aos meus filhos, aos meus sobrinhos, aos filhos dos meus amigos, aos meus queridos netinhos... e a todas as crianças que serviram de modelo a um filho menos dotado que tem sido o meu desvelo.

## Meu irmão é uma pessoa diferente

Você já examinou atentamente uma flor? Ou melhor, uma rosa? Reparou alguma vez em como suas pétalas, embora tenham a mesma origem, são todas diferentes umas das outras?

Então, pegue uma flor, examine-a com cuidado.

Assim são os filhos de um casal: têm a mesma origem, mas não há um que seja igual ao outro. Um se parece mais com o pai, outro tem mais acentuados os traços da mãe. Outro, todos dizem, se parece muito com o tio Paulo, ou com o vovô Manoel ou com uma bisavó que vocês não conheceram, mas é lembrada com muito carinho.

Você tem irmãos? Olhe bem para eles.

Repare bem quanta coisa é levada em conta para que alguém seja identificado como a Carolina e não a Marina, o Tomás e não o João: sua altura, sua tendência a ser mais gordinho ou mais magrinho, a cor da pele, dos olhos, a cor e o jeito dos cabelos...

Imagine você que tudo isso é apenas uma parte do que somos. Existe em cada um de nós outra parte, invisível, que é a nossa essência.

Você sabe o que é essência?

Essência é aquilo que nos permite ser únicos e inconfundíveis. Que faz que as pessoas da família digam, quando

INCLUSÃO COMEÇA EM CASA

ficam sabendo que uma criança fez uma "arte": "Só pode ter sido o Guilherme", porque todo o mundo sabe que o Guilherme é sapeca. Ou que, ao ouvir o som da flauta, digam: "Ah... deve ser o Fernando", porque ele é um artista. Quando o som do piano invade a casa, a gente sabe que é a Mariana, pois ela toca de ouvido qualquer melodia que você cantarolar, porque ela é musical. Quando, numa rodinha de tios, comentando as histórias dos sobrinhos, ouve-se uma sonora gargalhada, quem está de longe comenta: "Deve ser alguma do Zé Otávio", porque ele tem sempre um bom argumento na ponta da língua para rebater o nosso, sobretudo quando o que se exige dele não é bem o que ele está com vontade de fazer. Quando se fala de ser cumpridor e responsável, nós logo nos lembramos do Renato, da Carolina, da Marília, do Miltinho, da Marina...

É o nosso jeito de ser. É aquela imagem que se forma na cabeça das pessoas quando falam de nós.

Você tem idéia de qual imagem os outros fazem de você?

Até agora só falei de imagens bonitas que todos nós gostaríamos de transmitir aos outros. Mas, sabe, não é sempre assim. Muitas vezes, da mesma forma que na rosa há uma pétala menos perfeita, uma criança nasce ou se torna diferente por uma doença grave. Ela não é tão esperta quanto o Guilherme, nem tão musical quanto o Fernando e a Mariana, nem tão sabida quanto o Zé Otávio, nem tão capaz e responsável como os outros de quem já lhe falei.

**Você conhece alguém menos dotado?**

Vamos pensar juntos: por que será que isso acontece?

Quem será o responsável? Não há resposta para essas perguntas. Temos de aceitar o fato de uma pessoa nascer ou transformar-se em menos dotada como uma coisa da natureza que ninguém pode explicar e sem responsabilizar alguém. Ninguém é responsável.

O que nós podemos fazer de melhor é aceitar. Aceitar e respeitar aquele irmão, ou aquele primo, ou aquele vizinho ou filho de alguns amigos nossos ou de amigos de nossos pais, cuja imagem é tão diferente de todos os outros. Os menos dotados são, de alguma forma, menos capazes, mas apenas em certo sentido. Por exemplo, alguns não conseguem cursar uma escola comum, porque são mentalmente incapacitados; outros não conseguem participar de nenhuma atividade que envolva certos movimentos, porque têm determinado tipo de paralisia; outros não falam porque não ouvem; outros não se locomovem sem auxílio, porque não enxergam... Mas, garanto a vocês, muitos deles têm uma enorme capacidade de amar. Posso falar porque conheço, de perto, sobretudo os portadores de Síndrome de Down. Eles são muito carinhosos, muito afetivos, e só querem que nós lhes demos atenção, respeito e carinho.

Existe no seu lar uma pessoa menos dotada?

O que acontece numa família em que nasce uma criança menos dotada ou que se torna menos dotada por uma doença grave ou um acidente?

Será que a vida nesse lar continuará se desenvolvendo da mesma forma que antes?

Pense um pouco nisso.

Você acertou, não continua mesmo. Tudo muda porque aconteceu algo muito fora do comum e, além do mais, muito triste. Não só o pai e a mãe serão atingidos por esse fato incomum, mas também os irmãos, se houver, os avós, os tios, os amigos, os vizinhos... Sabe, quando as pessoas se amam, elas se alegram e se entristecem juntas. Mas, se todos se unirem para tentar resolver o problema da melhor maneira possível, a tristeza ficará menor e a solução talvez fique mais próxima e mais ao alcance dos responsáveis – pais, médicos, técnicos, professores...

Você gostaria de ajudar?

Todos podem ajudar. Cada um dentro daquilo que é capaz. Se você, por exemplo, tem um irmão menos dotado, comece por compreender que seus pais dediquem mais tempo, mais atenção, mais carinho a esse irmão ou irmã, e que isso não significa predileção. Você sabe o que é predileção? É gostar mais de um que do outro. Não sofra pensando que seu pai, sua mãe, seus avós, gostam mais do seu irmão, tomando como medida do amor a maior dedicação. Ele precisa de mais cuidados, porque é uma pessoa diferente. Só isso.

Dedicação não é sinônimo de amor, embora às vezes eles andem juntos.

Há muitas coisas que ele não consegue fazer sem auxílio. E a diferença está aí. Você recebe menos dedicação porque não necessita tanto dela. Que bom! Use sua maior capacidade para colaborar no tratamento ou nos cuidados de que seu irmão precisa tanto. Você pode ser completamente feliz por ser tão capaz. É essa sua maior capacidade que vai fazer de você uma peça muito importante nesse quebra-cabeça que é uma família.

Já pensou que você é uma peça de um quebra-cabeça chamado família?

E um quebra-cabeça só forma uma figura harmônica, bonita, quando cada uma das pecinhas ocupa seu devido lugar.

Ser feliz por ser capaz e ter a satisfação de dividir isso com alguém vai ser a sua função dentro desse quebra-cabeça.

Como é que eu sei de tudo isso? Muitas dessas coisas eu aprendi com meus filhos.

Vamos voltar às rosas?

Repare bem que, envolvendo todas as pétalas, há uma parte verde que se chama cálice. Ela envolve igualmente todas as pétalas. Assim é o amor que os pais dedicam aos filhos. É como esse cálice da rosa que, além de conter todas as pétalas, está repleto de carinho, amor, compreensão... e sobretudo justiça. Você sabe o que é justiça? É dar a mesma quantidade de amor a todos os filhos, ainda que de maneiras diferentes.

Os pais amam seus filhos de maneiras diferentes.

E isso, quem foi que ensinou? Foi um ser maior em quem eu acredito. Foi Deus.

IVA FOLINO PROENÇA nasceu em Presidente Prudente, São Paulo, em 10 de outubro de 1932.

Cresceu em meio a uma família numerosa, com quatro irmãos, avós, tios.

Fez o ensino fundamental em escolas públicas locais e atribui sua fluência na escrita aos bons professores "que não se limitavam a informar e se preocupavam seriamente com a formação dos alunos".

Aos 15 anos fez o único curso possível na época: Escola Normal. Formada, foi lecionar na roça, "como todo mundo no começo".

Casou com Helio em 1952, e vieram morar em São Paulo. Os cinco filhos foram nascendo, e com eles, as alegrias e os sustos, dos quais alguns já conhecemos.

Fez parte do grupo que deu início à Apae – Associação de Pais e Amigos dos Excepcionais.

No período em que seu filho José Manoel esteve interno em Betim, Iva fez a Faculdade de Letras na PUC-SP "para segurar a cabeça", como ela diz.

Quando completou 50 anos, já mais tranqüila quanto aos filhos, decidiu realizar um antigo sonho: iniciou a faculdade de Psicologia, na FMU. Especializou-se em terapia de casal e família.

Conheceu a logoterapia, de Viktor Frankl, graças à sua professora argentina Martha Elena Giuliano de Iglesia; sua filosofia impregna este livro. Foi presidente da Sociedade Brasileira de Logoterapia de 1998 a 2001.

Atualmente atende em consultório e presta trabalho voluntário no Ceaf – Centro de Estudos e Atendimento à Família.

E-mail: sobralog@terra.com.br

--- dobre aqui --- --- --- --- --- --- --- --- --- --- --- ---

ISR 40-2146/83
UP AC CENTRAL
DR/São Paulo

# CARTA RESPOSTA
## NÃO É NECESSÁRIO SELAR

O selo será pago por

**SUMMUS EDITORIAL**

05999-999 São Paulo-SP

--- --- --- --- --- --- --- --- --- dobre aqui --- --- --- --- --- --- --- --- --- --- ---

INCLUSÃO COMEÇA EM CASA

# CADASTRO PARA MALA-DIRETA

**Recorte ou reproduza esta ficha de cadastro, envie completamente preenchida por correio ou fax, e receba informações atualizadas sobre nossos livros.**

Nome: _____ Empresa: _____
Endereço: ☐ Res. ☐ Coml. _____ Bairro: _____
CEP: _____ - _____ Cidade: _____ Estado: _____ Tel.: ( ) _____
Fax: ( ) _____ E-mail: _____
Profissão: _____ Professor? ☐ Sim ☐ Não  Disciplina: _____ Data de nascimento: _____

### 1. Você compra livros:
☐ Livrarias ☐ Feiras
☐ Telefone ☐ Correios
☐ Internet ☐ Outros. Especificar: _____

### 2. Onde você comprou este livro? _____

### 3. Você busca informações para adquirir livros:
☐ Jornais ☐ Amigos
☐ Revistas ☐ Internet
☐ Professores ☐ Outros. Especificar: _____

### 4. Áreas de interesse:
☐ Psicologia ☐ Comportamento
☐ Crescimento Interior ☐ Saúde
☐ Astrologia ☐ Vivências, Depoimentos

### 5. Nestas áreas, alguma sugestão para novos títulos?
_____

### 6. Gostaria de receber o catálogo da editora? ☐ Sim ☐ Não
### 7. Gostaria de receber o Ágora Notícias? ☐ Sim ☐ Não

**Indique um amigo que gostaria de receber a nossa mala-direta**

Nome: _____ Empresa: _____
Endereço: ☐ Res. ☐ Coml. _____ Bairro: _____
CEP: _____ - _____ Cidade: _____ Estado: _____ Tel.: ( ) _____
Fax: ( ) _____ E-mail: _____
Profissão: _____ Professor? ☐ Sim ☐ Não  Disciplina: _____ Data de nascimento: _____

**Editora Ágora**
Rua Itapicuru, 613  7º andar  05006-000  São Paulo - SP  Brasil  Tel (11) 3872 3322  Fax (11) 3872 7476
Internet: http://www.editoraagora.com.br  e-mail: agora@editoraagora.com.br

cole aqui